Susanne Nolte

Trauma verstehen - Heilung fördern

Susanne Nolte

Trauma verstehen - Heilung fördern

Ein Leitfaden im Kontext Beratung, Pädagogik und für Traumabetroffene

Trainerverlag

Imprint

Cover image: www.ingimage.com

Publisher:
Der Trainerverlag
is a trademark of
Dodo Books Indian Ocean Ltd. and OmniScriptum S.R.L publishing group

120 High Road, East Finchley, London, N2 9ED, United Kingdom
Str. Armeneasca 28/1, office 1, Chisinau MD-2012, Republic of Moldova, Europe
Managing Directors: Ieva Konstantinova, Victoria Ursu
info@omniscriptum.com

Printed at: see last page
ISBN: 978-620-8-87536-7

Einführung

Wie schön wäre es, wenn es doch nur so einfach wäre...
Diesen Satz höre ich oft in meiner Arbeit mit Klientinnen und Klienten – und auch ich selbst habe ihn in meinem eigenen Heilungsprozess schon oft gedacht. Vielleicht ist Heilung tatsächlich nicht immer einfach. Doch vielleicht ist sie auch einfacher, als wir glauben. Vielleicht gibt es einen Weg, Hoffnung zu finden, anstatt die Hoffnungslosigkeit, die in diesem Satz mitschwingt, einfach hinzunehmen. Hoffnung kann ein Anker sein, der uns durch schwere Zeiten trägt – solange sie uns nicht in Illusionen wiegt, sondern uns antreibt, weiterzugehen. Diese Haltung hat mir geholfen, mein „Warum" in meiner Arbeit zu entdecken. Ich bin überzeugt: Es gibt immer einen Weg, sich weiterzuentwickeln, zu wachsen und den eigenen Heilungsweg voranzubringen. Ganz gleich, wie aussichtslos oder dunkel die Situation auch erscheinen mag. Es braucht manchmal Zeit, Mut und Ausdauer, um Erlebtes zu integrieren, Zusammenhänge zu verstehen und der eigenen Persönlichkeit neue Türen zu öffnen.

Ich arbeite mit Menschen, die unter kleinen oder großen Belastungen leiden und sich auf die Suche nach Lösungen machen. Jeder Mensch bringt dabei seine ganz eigenen Nöte und Bedürfnisse mit – und braucht daher auch individuelle Unterstützung.
In den vergangenen Jahren hat sich meine Arbeit mit Klientinnen und Klienten grundlegend gewandelt. Anfangs arbeitete ich mit klassischen gesprächstherapeutischen Methoden und systemischen Ansätzen. Doch mit der Zeit wurde mir immer klarer: Diese Herangehensweisen reichen oft nicht aus. Viele meiner Klientinnen und Klienten tragen die Folgen

von Traumata in sich – und stoßen mit herkömmlichen Methoden an eine unsichtbare Grenze.

In den Sitzungen wurde viel gesprochen, erklärt, Zusammenhänge wurden erkannt und Beziehungen neu geordnet. Ich habe den Menschen, die zu mir kamen, Raum für ihre Worte gegeben. Vieles wurde dadurch leichter. Doch an einer bestimmten Schwelle kamen wir immer wieder nicht weiter. Besonders die Frage: „Was fühlen Sie?" irritierte viele und ließ sie ratlos zurück. Sie hatten sich von ihrem eigenen Körper entfernt. Das Wahrnehmen von Empfindungen, das Zulassen von Gefühlen und die Veränderung körperlicher Zustände waren für viele eine große Herausforderung – oft begleitet von Stress. Vieles spielte sich im Kopf ab, wenig im Körper. Für manche ist das schon ein großer Erfolg – doch wirkliche Heilung bedeutet für mich die Rückkehr zur Ganzheit.

Traumatische Erfahrungen sind weit verbreitet – oft ohne, dass wir es bei anderen oder sogar bei uns selbst sofort erkennen. Trauma bedeutet nicht nur, ein schlimmes Ereignis erlebt zu haben, sondern auch, dass das Nervensystem dauerhaft aus dem Gleichgewicht geraten kann. Das zeigt sich im Alltag häufig durch Überforderung, Rückzug, starke emotionale Reaktionen oder das Gefühl, „wie abgeschnitten" zu sein. Viele Menschen tragen solche Wunden unsichtbar mit sich, und gerade deshalb ist es so wichtig, dass wir uns im Alltag traumasensibel begegnen.

Trauma verstehen heißt, Menschen besser zu verstehen.

Wenn wir begreifen, wie Trauma das Verhalten, die Wahrnehmung und die Gefühle beeinflusst, können wir Mitgefühl und Verständnis entwickeln – für uns selbst und für andere. Plötzliche Stimmungsschwankungen, scheinbar „übertriebene“ Reaktionen oder sozialer Rückzug sind oft keine bewusste Entscheidung, sondern Ausdruck eines Nervensystems, das Schutz sucht.

Traumasensible Unterstützung im Alltag bedeutet:

- **Achtsamkeit und Respekt:** Wir begegnen anderen mit Offenheit, ohne zu bewerten. Wir akzeptieren, dass jeder Mensch seine eigene Geschichte und seine eigenen Grenzen hat.

- **Sicherheit schenken:** Schon kleine Gesten – ein freundliches Wort, ein ruhiger Tonfall, Verlässlichkeit – können helfen, das Gefühl von Sicherheit zu stärken.

- **Geduld und Verständnis:** Heilung braucht Zeit. Es ist nicht immer sichtbar, wie viel Kraft jemand aufwendet, um den Alltag zu bewältigen.

- **Grenzen respektieren:** Wir akzeptieren ein „Nein“ und drängen niemanden zu etwas, was er oder sie (noch) nicht kann oder möchte.

- **Ressourcen stärken:** Wir unterstützen dabei, Stärken und Kraftquellen zu entdecken – sei es durch gemeinsame Aktivitäten, Zuhören oder das Teilen von positiven Erfahrungen.

Warum ist das so wichtig?

Traumasensible Begleitung ist nicht nur Aufgabe von Therapeut:innen – sie beginnt im Alltag, in Familien, Freundschaften, am Arbeitsplatz und in der Nachbarschaft. Jeder von uns kann dazu beitragen, dass Menschen sich sicherer fühlen und ihr Nervensystem wieder ins Gleichgewicht findet. Oft sind es die kleinen, alltäglichen Begegnungen, die einen Unterschied machen: Ein echtes Zuhören, ein verständnisvoller Blick, das Gefühl, angenommen zu sein.

Trauma zu verstehen und traumasensibel zu handeln, ist ein Geschenk – an uns selbst und an die Gemeinschaft.

Es schafft Räume, in denen Heilung möglich wird, und hilft, dass wir alle ein Stück mehr bei uns selbst und miteinander ankommen können.

Um ein erfülltes Leben führen zu können, brauchen wir die Verbindung von Kopf, Körper und Gefühlen. Jeder, der mit Menschen arbeitet, kann lernen, einen traumasensiblen Blick zu entwickeln, um anderen auf achtsame Weise zu begegnen. Dazu möchte dieses Buch einen kleinen Beitrag leisten.

Wichtig ist: Wir müssen nicht in die Traumageschichte eintauchen – und es ist auch nicht unsere Aufgabe, dies zu tun. Das gehört in die Hände von therapeutisch oder ärztlich ausgebildeten Fachkräften. Was wir jedoch tun können, ist, einen sicheren Raum zu schaffen und durch

Wissen und Empathie einen Beitrag zur Heilung zu leisten. Wir können dabei helfen, Ressourcen zu stärken, Co-Regulation zu fördern, ein neues Stresstoleranzfenster zu entwickeln und durch Psychoedukation Verständnis zu schaffen.

Das „Warum" für den Heilungsweg finden

Die Entscheidung, das eigene Leben zu verändern, entsteht selten aus einer Laune heraus – meist sind es Herausforderungen, die uns dazu bewegen, neue Wege zu suchen.

Leidensdruck

Ein innerer Schmerz, ein spürbarer Leidensdruck, ist oft der Motor für Veränderung. Nur wenn der Wunsch nach Heilung aus der eigenen Mitte kommt, kann der Weg nachhaltig und wirksam beschritten werden. Wird der Heilungsprozess hingegen ausschließlich auf Drängen von außen begonnen, fehlt häufig die notwendige Motivation, um ihn durchzuhalten.

Die zentrale Frage lautet:

Warum wünsche ich mir Veränderung? Was soll sich in meinem Leben wandeln? Warum sollte es mir besser gehen – und was bin ich bereit, dafür loszulassen oder zu verändern?

Gerade im Kontext von Trauma ist der Leidensdruck oft so lange ein ständiger Begleiter, dass er als „normal" empfunden und nicht mehr bewusst wahrgenommen wird. Erst wenn die gewohnten Kompensationsstrategien – meist unbewusste Mechanismen, um psychische Defizite auszugleichen – nicht mehr funktionieren oder zu anstrengend werden, wächst der Wunsch nach Veränderung.

Mut

Mut bedeutet, den Blick auf das Unbequeme zu richten, Widerstände zu erkennen und die eigene Komfortzone zu verlassen. Es braucht den Mut, die Geschichten und Verletzungen der Vergangenheit anzuerkennen, um Heilung zu ermöglichen.

Oft wünschen sich Menschen Veränderung, möchten aber gleichzeitig in der vertrauten, scheinbar sicheren Komfortzone verweilen. Das ist verständlich, denn diese Zone bietet Schutz und Orientierung – selbst wenn sie schmerzt. Der Weg hinaus ist ein Prozess, der Schritt für Schritt gegangen werden darf.

Im traumasensiblen Kontext ist das Erleben von Sicherheit eine zentrale Voraussetzung. Erst wenn ein Gefühl von Sicherheit entsteht, kann der Mut wachsen, sich auf Veränderung einzulassen. Die Arbeit beginnt daher häufig mit dem Aufbau von Sicherheit und Stabilität.

Zeit

Heilung braucht Zeit – nicht nur während der Sitzungen, sondern auch im Alltag. Es reicht nicht, sich nur während der Therapie mit den eigenen Themen zu beschäftigen. Die Bereitschaft, auch außerhalb der Sitzungen zu reflektieren, neue Fähigkeiten zu üben und das Gelernte zu integrieren, ist ein entscheidender Bestandteil des Heilungsprozesses.

Gerade bei traumatischen Erfahrungen ist regelmäßiges Üben von Selbstregulation und der Aufbau von Routinen im Umgang mit Ressourcen essenziell, um tief verankerte neuronale Muster zu verändern. Hier ist Zeit nicht nur hilfreich, sondern eine Grundvoraussetzung.

Ausdauer

„Die besten Sitzungen sind oft die, zu denen man am wenigsten Lust hat."

Dieser Satz hat sich in meiner eigenen Erfahrung bewahrheitet. Gerade dann, wenn der innere Widerstand am größten ist, finden die tiefsten und wichtigsten Prozesse statt. Unser Unterbewusstsein möchte uns schützen und hält uns in der Komfortzone – aus Angst vor Veränderung. Doch genau diese Momente bieten das größte Potenzial für Wachstum.

Im Umgang mit Trauma ist Ausdauer besonders gefragt. Manchmal braucht es einen langen Atem, um nicht in alte Muster zurückzufallen. Ein waches Bewusstsein für die eigenen „Fallen" und kontinuierliches Üben helfen, den eigenen Weg zu gehen und Rückschritte als Teil des Prozesses zu akzeptieren.

Umfeld

Veränderung wirkt sich nicht nur auf das eigene Innenleben aus, sondern auch auf das Umfeld. Wie reagiert das soziale Umfeld, wenn wir uns verändern? Wie gehen wir selbst damit um, wenn wir plötzlich anders denken, fühlen und handeln? Diese Veränderungen können Unsicherheit und Angst auslösen – sowohl bei uns selbst als auch bei den Menschen um uns herum.

Wird das Umfeld zur Unterstützung, kann es ein wichtiger Anker sein. Ist es jedoch Teil von alten, dysfunktionalen Mustern, kann es den Heilungsprozess erschweren. Hier gilt es, achtsam zu prüfen, welche

Beziehungen förderlich sind und wo vielleicht neue Grenzen gezogen werden müssen.

Zusammenfassung und Ausblick

Leidensdruck, Mut, Zeit, Ausdauer und das Umfeld sind zentrale Faktoren, die zu Beginn einer Begleitung thematisiert und immer wieder reflektiert werden sollten. Eine gute Psychoedukation hilft, diese Aspekte verständlich zu machen und im Prozess präsent zu halten.
Gerade in der traumasensiblen Begleitung ist es wichtig, diese Punkte immer wieder aufzugreifen, um Selbstsabotage zu vermeiden und den Heilungsprozess zu unterstützen. Die Frage nach dem „Warum“ darf dabei ein ständiger Begleiter sein: Warum möchte ich heilen? Was ist der Preis, den ich zu zahlen bereit bin? Und welche Gründe helfen mir, die alte Komfortzone zu verlassen und Neues zu wagen?
Anerkennen, was ist, um loszulassen, was war – das ist der Schlüssel für nachhaltige Veränderung

Was Wachstum auf dem Heilungsweg bedeutet

Wachstum auf dem Heilungsweg ist ein tiefgreifender, oft langwieriger Prozess, der weit über das bloße Bestehen von Krisen hinausgeht. Es ist die Reise hin zu mehr innerer Stärke, echter Selbstwirksamkeit und einer neuen Lebensqualität – nicht trotz, sondern gerade wegen der schmerzhaften Erfahrungen, die wir gemacht haben. Die Psychologie spricht hier vom „posttraumatischen Wachstum“: Menschen, die durch schwere Zeiten gegangen sind, können daraus gestärkt hervorgehen und ihr Leben bewusst und nachhaltig verändern.

Wachstum auf diesem Weg zeigt sich in vielen Facetten:

- **Von äußerer zu innerer Sicherheit:**
  Es bedeutet, sich von der trügerischen Sicherheit im Außen zu lösen und stattdessen eine tiefe, innere Sicherheit zu entwickeln. Diese entsteht, wenn wir erfahren, dass wir Herausforderungen meistern und für unser Leben Verantwortung übernehmen können. Selbstvertrauen und Selbstwirksamkeit werden zu unserem neuen Fundament.

- **Sich von schädlichen Beziehungen und Situationen lösen:**
  Wachstum heißt auch, sich von Menschen und Umständen zu verabschieden, die uns nicht guttun oder uns in alten Mustern gefangen halten. Im Gegenzug öffnen wir uns für neue, bedeutungsvollere Beziehungen, die auf Respekt, Verständnis und echter Verbundenheit beruhen.

- **Komfortzonen verlassen und Risiken eingehen:**
  Es braucht Mut, die gewohnte Komfortzone zu verlassen und sich auf unbekanntes Terrain zu wagen. Wachstum heißt, Unsicherheit auszuhalten und bereit zu sein, neue Wege zu gehen – auch wenn das Angst macht. Nur so können wir uns weiterentwickeln.

- **Das eigene verletzende Verhalten erkennen und verändern:**
  Ein wichtiger Schritt ist, ehrlich auf das eigene Verhalten zu

schauen, destruktive Muster zu erkennen und loszulassen. An ihre Stelle tritt Mitgefühl – für uns selbst und für andere. So entsteht eine neue, tiefere Verbindung zu uns und unserer Umwelt.

- **Ungewissheit akzeptieren und Vertrauen ins Leben entwickeln:**
  Wer wächst, lernt, Ungewissheit nicht als Bedrohung zu sehen, sondern als natürlichen Teil des Lebens zu akzeptieren. Aus dieser Haltung kann ein neues, tragfähiges Vertrauen ins Leben entstehen, das uns auch in schwierigen Zeiten trägt.

- **Aus Rückschlägen lernen:**
  Rückschläge werden nicht mehr als Scheitern erlebt, sondern als wertvolle Lernerfahrungen, die uns weiterbringen. Diese Perspektive macht uns widerstandsfähiger und hilft, auch nach Niederlagen wieder aufzustehen.

- **Das Herz für Akzeptanz öffnen:**
  Wachstum bedeutet schließlich auch, den Schmerz vergangener Verluste zu verwandeln und das eigene Herz für Akzeptanz und neue Erfahrungen zu öffnen. Aus dem Gefühl von Mangel kann so ein Gefühl von Fülle und Verbundenheit entstehen.

„Schmerz wird von Generation zu Generation weitergegeben, bis jemand den Mut findet, ihn zu durchbrechen. Und wie wir alle wissen: Heilung beginnt, wenn wir uns dem Schmerz stellen, den wir bisher vermieden haben. Finde den Mut!“

Wachstum auf dem Heilungsweg ist kein gerader, einfacher Pfad. Vielmehr ist er geprägt von Herausforderungen, Rückschritten und immer neuen Lernschleifen. Doch gerade in der bewussten Auseinandersetzung mit uns selbst, im Annehmen unserer Verletzlichkeit und im mutigen Weitergehen liegt das größte Potenzial. Es geht darum, unser eigenes Potenzial zu entfalten, uns immer wieder neu auszurichten und aus jeder Erfahrung – ob schmerzhaft oder freudvoll – einen Sinn zu schöpfen. So wird Heilung zu einer Reise, auf der wir nicht nur überleben, sondern wirklich wachsen und leben.

Abgrenzung, Klarheit und Wertschätzung – Sanfte Wege zu sich selbst nach belastenden Erfahrungen

Abgrenzung, Klarheit und Wertschätzung sind wie leise, aber kraftvolle Begleiter auf dem Weg zu einem erfüllten und gesunden Leben. Für Menschen, die seelische Verletzungen oder traumatische Erfahrungen erlebt haben, erscheinen diese Qualitäten jedoch oft wie ferne Inseln. Die Spuren vergangener Erlebnisse können das eigene Selbstbild erschüttern, das Gefühl für die eigenen Grenzen trüben und das Vertrauen in die eigenen Bedürfnisse schwächen. Doch gerade in der achtsamen Rückkehr zu diesen Fähigkeiten liegt ein Schlüssel zur Heilung und zu neuer Lebendigkeit.

Abgrenzung – Die eigenen Grenzen spüren und schützen

Abgrenzung bedeutet, die eigenen Bedürfnisse zu erkennen, ihnen Raum zu geben und sie zu schützen. Für viele, die Verletzungen erlebt haben, war es lange überlebenswichtig, die eigenen Grenzen zu ignorieren oder sich selbst zurückzunehmen. In Beziehungen, im Alltag oder in herausfordernden Situationen fällt es dann schwer, „Nein“ zu sagen oder für sich selbst einzustehen. Der Weg zurück zur gesunden Abgrenzung beginnt damit, die eigenen Gefühle und Bedürfnisse überhaupt wieder wahrzunehmen und ihnen liebevoll zu begegnen. Erst wenn ein Gefühl von Sicherheit und Vertrauen wächst, kann Abgrenzung als ein Akt der Selbstfürsorge erlebt werden – und nicht als Bedrohung.

Klarheit – Die innere Welt ordnen und verstehen

Klarheit ist die Fähigkeit, Gedanken und Gefühle zu erkennen, zu benennen und zu sortieren. Nach belastenden Erfahrungen fühlt sich das innere Erleben oft wie ein undurchdringlicher Nebel an. Viele Betroffene erleben Verwirrung, Unsicherheit oder das Gefühl, von sich selbst abgeschnitten zu sein. Durch behutsame Selbstbeobachtung, Reflexion und das Erlernen eines neuen, liebevollen Umgangs mit der eigenen Innenwelt kann allmählich wieder Orientierung entstehen. Es hilft, sich Zeit zu nehmen, um Gedanken und Gefühle zu sortieren, sie zu akzeptieren und langsam wieder Vertrauen in die eigene Wahrnehmung zu gewinnen.

Wertschätzung – Den eigenen Wert (wieder)entdecken

Wertschätzung sich selbst und anderen gegenüber ist eng mit einem gesunden Selbstwertgefühl verbunden. Traumatische Erlebnisse erschüttern dieses Gefühl oft zutiefst. Viele Betroffene zweifeln an ihrem Wert, fühlen sich „falsch“ oder nicht genug. Heilung bedeutet, sich selbst mit Mitgefühl und Anerkennung zu begegnen – auch für die eigenen

Überlebensstrategien, die einst notwendig waren. Erst wenn wir lernen, uns selbst wertzuschätzen, können wir auch anderen Menschen mit echter Wertschätzung begegnen und erfüllende Beziehungen aufbauen.

Was es dafür braucht

Die Entwicklung von Abgrenzung, Klarheit und Wertschätzung ist ein Prozess, der Zeit, Geduld und Unterstützung erfordert. Besonders wichtig sind dabei einige grundlegende Voraussetzungen:

Ein Gefühl von Sicherheit und Geborgenheit, das es ermöglicht, sich zu öffnen und neue Erfahrungen zuzulassen. Der Zugang zu den eigenen Bedürfnissen und Wünschen, der auf dem Heilungsweg Schritt für Schritt zurückgewonnen werden kann. Und die Verbundenheit mit sich selbst und anderen – denn Heilung geschieht oft in Beziehung, zu sich selbst und zu vertrauensvollen Menschen.

Diese Herausforderungen machen deutlich, wie komplex und vielschichtig der Weg nach traumatischen Erfahrungen sein kann. Es braucht einen ganzheitlichen Ansatz, der Körper, Geist und Seele einbezieht und Raum für individuelle Entwicklung lässt. Mit Geduld, Mitgefühl und der richtigen Unterstützung ist es möglich, Abgrenzung, Klarheit und Wertschätzung Schritt für Schritt (wieder) zu erlernen – und so ein neues, erfülltes Lebensgefühl zu entwickeln, das von Stabilität, Sicherheit und Verbundenheit getragen wird.

Was ist Trauma?

Trauma ist mehr als nur eine schmerzhafte Erinnerung – es ist eine seelische Verletzung, die uns überwältigt und tief in unserem Körper, unserem Geist und unserem Nervensystem zurückbleibt. Oft kann sie nicht vollständig verarbeitet werden und wirkt noch lange nach dem eigentlichen Ereignis in uns fort. Man sagt dann, das Ereignis wird „fragmentiert". Manchmal ist ein Erlebnis so überwältigend, dass unser Innerstes es nicht als eine zusammenhängende Geschichte abspeichern kann. Stattdessen zerfällt die Erinnerung in viele kleine Puzzleteile – einzelne Bilder, Geräusche, Gefühle oder Körperempfindungen, die scheinbar keinen Anfang und kein Ende haben. Diese Fragmente tauchen oft unvermittelt auf (triggern), lassen alte Wunden wieder aufleben und lassen sich nicht einfach zu einem Ganzen zusammensetzen.

Dass ein Trauma so „fragmentiert" wird, ist eigentlich ein kluger Schutzmechanismus unseres Geistes. Er hilft uns, das Unerträgliche in kleine Portionen zu zerlegen, damit wir überhaupt weitermachen können. Auch wenn es die Verarbeitung und das Verstehen des Erlebten erschwert, ist diese Fragmentierung ein Zeichen dafür, wie sehr unser Körper und unsere Seele für uns sorgen – indem sie uns vor zu viel Schmerz auf einmal bewahren. Es ist ein mutiger Schritt des Überlebens, der uns die Möglichkeit gibt, irgendwann in unserem eigenen Tempo die Puzzleteile wieder zusammenzufügen.

Ein Erlebnis wird dann zum Trauma, wenn es unsere Möglichkeiten zur Verarbeitung übersteigt und zu einer anhaltenden seelischen oder körperlichen Beeinträchtigung führt. Trauma ist also nicht nur eine Erinnerung im Kopf, sondern eine Erfahrung, die tief im Körper und im Nervensystem verankert ist. Deshalb reicht es nicht aus, das Geschehene nur zu verstehen. Heilung geschieht, wenn wir fühlen und erleben, was in uns gespeichert ist – und unserem Körper wieder Sicherheit und Halt schenken.Trauma ist nicht einfach das, was uns passiert, sondern vor allem das, was in uns geschieht, wenn wir mit einer Situation konfrontiert werden, die unsere Bewältigungsmöglichkeiten übersteigt. Es ist eine unsichtbare Wunde, ein Riss im Selbst, der durch belastende oder verletzende Erfahrungen entsteht.[1]

Peter Levine[2], ein Pionier der Traumaforschung, beschreibt es so:

> *„Traumata sind wohl die am meisten gemiedenen, ignorierten, verharmlosten, verleugneten, missverstandenen und unbehandelten Ursachen menschlichen Leidens.“*
>
> *,,Ein Trauma ist eine innere Zwangsjacke, die entsteht, wenn ein verheerender Augenblick in der Zeit eingefroren wird. Es unterdrückt die Entfaltung des Seins.”*

Verschiedene Formen von Trauma[5]

Gabor Maté[3] unterscheidet zwei grundlegende Arten von Trauma:

1. **Das überwältigende Ereignis**

   Hierbei handelt es sich um klar erkennbare, einschneidende Erfahrungen – wie den Verlust eines geliebten Menschen, einen Unfall, eine Naturkatastrophe oder andere gravierende Ereignisse, die das Leben plötzlich und tiefgreifend erschüttern. Diese Form wird auch als Monotrauma bezeichnet: ein einzelnes, klar abgrenzbares Ereignis, das tiefe Spuren hinterlässt.

2. **Das wiederkehrende, „kleine" Trauma**

   Nicht immer sind es die großen Katastrophen, die uns prägen. Auch viele kleine, wiederkehrende Verletzungen können unser Selbst erschüttern. Diese sogenannten sequentiellen oder komplexen Traumata entstehen durch viele kleine, aber häufige „Unglücksfälle" – und können ebenso tiefe Wunden hinterlassen wie ein einzelnes großes Ereignis.

   Hierbei handelt es sich um wiederholte, anhaltende oder chronische Belastungen, die sich über längere Zeiträume erstrecken.

Dazu gehören:

- Wiederholte körperliche, emotionale oder sexualisierte Gewalt
- Fluchterfahrungen, Krieg, Verfolgung oder der Verlust der Heimat

- Vernachlässigung in der Kindheit, fehlende emotionale Zuwendung oder Fürsorge, das Aufwachsen mit emotional unerreichbaren oder narzisstischen Eltern.
- Mobbing
- Bindungstrauma durch unsichere oder belastende Beziehungen zu wichtigen Bezugspersonen in der Kindheit.
- Entwicklungstrauma, das in frühen Lebensphasen entsteht und die emotionale und soziale Reife beeinträchtigen kann.

All diese Formen von Trauma können das Gefühl für das eigene Selbst, das Vertrauen in andere Menschen und die Fähigkeit, das Leben als sicher und sinnvoll zu erleben, tiefgreifend erschüttern.

Beide Formen haben gemeinsam, dass sie das Gefühl für das eigene Selbst und die Beziehung zur Welt erschüttern. Peter Levine[4] beschreibt das Trauma als *„Verlust der Verbindung zu uns selbst, unseren Familien und der Welt um uns herum“*.

Fazit:
Trauma ist eine unsichtbare Wunde, die weit über das eigentliche Ereignis hinausreicht und sich in Körper, Geist und Seele festsetzt. Heilung bedeutet, diese Wunden nicht nur zu verstehen, sondern sie zu fühlen, zu integrieren und dem eigenen System wieder Sicherheit und Halt zu geben. Es ist ein Prozess, der Zeit, Geduld und Mitgefühl erfordert – aber es ist möglich.

Warum der Körper eine so große Rolle spielt

Unser Körper ist weit mehr als nur ein Gefäß, das uns durch den Alltag trägt. Er ist ein feinfühliges Instrument, das jede Erfahrung, jedes Gefühl und jede Verletzung in sich aufnimmt und speichert. Die meisten Nervenbahnen verlaufen tatsächlich vom Körper zum Gehirn – nicht umgekehrt. Das zeigt uns, wie eng unser körperliches Empfinden mit unserem seelischen Wohlbefinden verknüpft ist.

Oft versuchen wir, seelische Verletzungen allein mit dem Verstand zu heilen. Wir reden darüber, analysieren, denken nach – und doch bleibt manchmal ein Schmerz zurück, der sich nicht auflösen will. Das liegt daran, dass tiefe innere Wunden nicht allein durch Worte oder Gedanken heilen können. Sie brauchen einen sicheren Raum, in dem sie gefühlt, ausgedrückt und schließlich integriert werden dürfen – einen Raum, in dem unser Körper sich entspannen und loslassen kann.

Unser Körper hält den Schlüssel zur Heilung in der Hand. Erst wenn wir ihm erlauben, zu fühlen und zu reagieren, können wir alte Muster durchbrechen und echte, nachhaltige Heilung erfahren. **Es ist der Moment, in dem wir wieder körperliche Sicherheit spüren – ein tiefes Gefühl von Geborgenheit und Vertrauen in uns selbst**. Dann beginnt die Heilung auf allen Ebenen: im Körper, im Geist und in der Seele.

Heilung ist ein Weg, der durch den Körper führt. Indem wir lernen, auf seine Signale zu hören und ihm Raum zu geben, schenken wir uns selbst die Möglichkeit, ganz zu werden.

Wann ist es kein Trauma?

Nicht jedes schmerzhafte oder belastende Erlebnis hinterlässt eine traumatische Wunde. Entscheidend ist nicht allein das Ereignis selbst, sondern wie wir es innerlich verarbeiten und welche Spuren es in unserem Leben hinterlässt. Gabor Maté[6] beschreibt sehr treffend, wann ein Erlebnis **kein** Trauma ist:

- Das Ereignis beeinträchtigt nicht unsere Fähigkeit, Gefühle wie Schmerz, Angst oder Trauer auszuhalten. Wir sind in der Lage, schwierige Emotionen zu empfinden, ohne davon überwältigt zu werden oder in zwanghafte Selbstberuhigung oder Fluchtmechanismen zu geraten.

- Unser Vertrauen in uns selbst bleibt erhalten. Wir müssen weder unser Selbstbild künstlich aufwerten noch uns abwerten, um Akzeptanz zu finden oder unsere Existenz zu rechtfertigen.

- Die Fähigkeit, Dankbarkeit für die Schönheit und die Wunder des Lebens zu empfinden, bleibt unberührt.

- Unsere Flexibilität, uns auf das Leben einzulassen, zu wachsen und uns weiterzuentwickeln, bleibt bestehen.

Ein Erlebnis wird also dann nicht zum Trauma, wenn unser inneres Gleichgewicht, unser Selbstwertgefühl und unsere emotionale Widerstandskraft erhalten bleiben. In solchen Fällen sprechen wir von einer bewältigten Herausforderung oder Krise, nicht von einer traumatischen Verletzung.

Traumasensibilität im Alltag

Menschen mit Trauma-Erfahrungen begegnen uns überall – im privaten Umfeld, am Arbeitsplatz, in der Schule oder im Beratungskontext. Die Folgen traumatischer Erlebnisse zeigen sich oft besonders in zwischenmenschlichen Beziehungen: Rückzug, Überreaktionen, Misstrauen oder Schwierigkeiten, Nähe zuzulassen, können Hinweise auf unverarbeitete Wunden sein.

Ein traumasensibler Blick im Alltag ist von unschätzbarem Wert. Wenn wir lernen, traumabedingte Verhaltensweisen zu erkennen und mit Empathie zu begegnen, können wir Betroffene besser verstehen und unterstützen. Indem wir auf potenzielle Trigger achten, ein Gefühl von Sicherheit vermitteln und wertschätzend miteinander umgehen, schaffen wir eine vertrauensvolle Umgebung, in der Heilung möglich wird.

Jede Begegnung bietet die Chance, einen kleinen Beitrag zur Heilung eines anderen Menschen zu leisten. Unser einfühlsames Verhalten kann Vertrauen wachsen lassen, Sicherheit schenken und neue, positive

Erfahrungen ermöglichen. So ebnen wir gemeinsam den Weg für tiefgreifende Heilung und persönliches Wachstum – im täglichen Miteinander, im Arbeitsleben, in der Schule oder in der Beratung.

Das Puzzle unserer Psyche – Einfühlsames Verständnis für unsere inneren Anteile

Unsere innere Welt gleicht einem riesigen, farbenfrohen Puzzle. Jeder von uns trägt eine Vielzahl an Persönlichkeitsanteilen in sich – innere Stimmen, die im Laufe unseres Lebens durch Erfahrungen, Erlebnisse und Prägungen entstanden sind. Manche dieser Anteile sind groß, präsent und bestimmen oft unser Handeln, andere sind leise und fast unsichtbar. Einige liegen im Zentrum unseres Bewusstseins, andere verstecken sich an den Rändern, kaum wahrnehmbar. Es gibt auch Ecken und Kanten, die besonders prägende oder gar verdrängte Erfahrungen symbolisieren. Und manchmal fehlt sogar ein Teil – abgespaltene Erinnerungen, die uns (noch) nicht zugänglich sind.

Jedes dieser Puzzlestücke steht für eine wichtige Erfahrung, ein Gefühl, eine Überlebensstrategie oder ein Bedürfnis. Die Form, Farbe und Größe jedes Teils ist so individuell wie unser Leben selbst. Manche Anteile mussten wir im Laufe der Zeit anpassen oder sogar zurechtschneiden, damit unser inneres Bild weiter wachsen konnte. So entsteht im Laufe der Jahre ein einzigartiges, vielschichtiges Selbstbild.

Doch was geschieht, wenn einzelne Teile fehlen oder nicht mehr richtig zueinander passen? Besonders nach traumatischen Erlebnissen kann das gesamte Bild ins Wanken geraten. Trauma führt häufig dazu, dass bestimmte Anteile abgespalten oder übermäßig dominant werden, um uns vor weiterem Schmerz zu schützen. Das kann dazu führen, dass sich unsere inneren Anteile fremd werden, sich nicht verstehen oder sogar miteinander in Konflikt geraten.

Gerade in der Begleitung von Menschen mit Trauma-Folgestörungen ist die Arbeit mit diesen Anteilen ein wertvoller Zugang. Sie ermöglicht es, sich selbst auf einer tieferen Ebene zu begegnen und mit Mitgefühl auf die eigenen inneren Prozesse zu blicken. Zu erkennen, welcher Anteil gerade besonders laut ist oder welcher Anteil uns schützen möchte, eröffnet neue Perspektiven und stärkt das Gefühl von Selbstwirksamkeit.

Oft verbergen sich in diesen „sperrigen" Anteilen unerfüllte Bedürfnisse, alte Gedanken, Gefühle und Handlungsmuster aus der Kindheit. Werden diese Anteile durch bestimmte Ereignisse getriggert, tauchen all die damals gespeicherten Emotionen und Überlebensstrategien wieder auf – manchmal so intensiv, als wären wir wieder das Kind von damals.

Die Angst vor Ablehnung – Ein Beispiel für einen mächtigen Anteil

Fast jeder Mensch kennt das Gefühl der Angst vor Ablehnung. Doch wie intensiv, schmerzhaft oder mächtig dieser Anteil ist, hängt von unseren individuellen Erfahrungen ab. Wer in der Kindheit häufig Ablehnung, Vernachlässigung oder Mobbing erlebt hat, trägt in diesem Anteil besonders viel „Trauma-Energie". Für ein Kind ist Zugehörigkeit überlebenswichtig – wird dieses Bedürfnis verletzt, entstehen tiefe

Wunden. Die Angst vor Ausgrenzung bleibt als mächtiger Anteil im inneren Puzzle bestehen und beeinflusst unser Handeln oft unbewusst.

Für jemanden, der diese Angst in sich trägt, kann es eine enorme Herausforderung sein, im Alltag für die eigenen Bedürfnisse einzustehen – selbst bei scheinbar kleinen Dingen, wie eine Kollegin zu bitten, ihre Tasse wegzuräumen. Im Hintergrund wirkt die alte Angst, nicht mehr gemocht oder akzeptiert zu werden. Plötzlich fühlt sich eine harmlose Situation bedrohlich an, und der innere Konflikt zwischen dem Wunsch nach Zugehörigkeit und dem Bedürfnis nach Selbstbehauptung wird spürbar.

Innere Dialoge – Der Weg zur Integration

Der Schlüssel zur Heilung liegt darin, diese inneren Anteile wahrzunehmen, zu verstehen und wertzuschätzen. Wenn wir erkennen, wie und warum ein Anteil entstanden ist, können wir beginnen, ihn zu würdigen und seine Bedürfnisse zu sehen. Gleichzeitig entdecken wir, dass es auch andere Anteile in uns gibt, die uns unterstützen können, neue Wege zu gehen. Dieses bewusste Wahrnehmen und Wertschätzen unserer inneren Vielfalt stärkt unser Selbstgefühl und unsere Selbstwirksamkeit.

So könnte ein innerer Dialog zwischen den unterschiedlichen Anteilen aussehen:

Angst vor Ablehnung (ängstlich, leise):
„Ich weiß nicht, ob ich das sagen darf… Was, wenn sie mich dann nicht mehr mag? Immer wenn ich mich traue, etwas einzufordern, fühlt es sich an, als würde ich alles aufs Spiel setzen. Ich erinnere mich noch so gut an die Momente, in denen ich ausgeschlossen wurde. Es tut immer noch weh."

Die Erwachsene Stimme (verständnisvoll, ruhig):
„Ich sehe dich, und ich verstehe, warum du dich so fühlst. Du hast damals erlebt, wie schmerzhaft Ablehnung sein kann. Für dich war Zugehörigkeit überlebenswichtig. Es ist kein Wunder, dass diese Angst so stark geworden ist."

Der Mutige Anteil (ermutigend, sanft):
„Weißt du, ich bin auch da. Ich weiß, dass es schwer ist, aber ich möchte dich unterstützen. Wir könnten es gemeinsam versuchen – vielleicht einen kleinen Schritt? Wir könnten zum Beispiel freundlich fragen, ob die Kollegin ihre Tasse wegräumt. Es ist okay, für uns einzustehen."

Angst vor Ablehnung (zögerlich):
„Aber… was, wenn sie mich dann nicht mehr mag? Was, wenn sie denkt, ich bin schwierig?"

Die Erwachsene Stimme (tröstend):
„Du bist nicht schwierig, du bist wertvoll. Deine Bedürfnisse sind wichtig. Und falls jemand dich deswegen ablehnt, dann sagt das mehr über ihn aus als über dich. Ich bin bei dir, egal was passiert."

Der Mutige Anteil (ermutigend):
„Lass uns einen Versuch wagen. Wir sind nicht mehr allein wie damals. Heute gibt es auch mich – und viele andere Anteile, die dich stärken. Gemeinsam können wir neue Wege gehen."

Angst vor Ablehnung (leise, hoffnungsvoll): „Vielleicht... Vielleicht kann ich es ja wirklich schaffen. Vielleicht traue ich mich ein kleines Stück weiter."

Die Erwachsene Stimme (warm):
„Genau das ist der erste Schritt zur Heilung. Hab den Mut."

Die Bedeutung unserer inneren Anteile

Unsere Persönlichkeit ist ein Mosaik aus vielen verschiedenen Anteilen. Sie alle tragen dazu bei, wer wir sind – mit all unseren Stärken, Schwächen, Sehnsüchten und Schutzmechanismen. Besonders die schwierigen oder „sperrigen" Anteile enthalten oft:

- Unerfüllte Bedürfnisse
- Alte Gedanken und Gefühle
- Übernommene Verhaltensmuster

Indem wir lernen, diese Anteile zu erkennen, zu verstehen und anzunehmen, können wir uns selbst auf einer tieferen Ebene begegnen. Wir geben uns die Chance, alte Muster zu lösen und neue, heilsame Wege zu gehen. So wird das Puzzle unserer Psyche Stück für Stück vollständiger – und wir wachsen zu einer immer stimmigeren Version unseres Selbst heran.

Wie unsere Anteile aktiviert werden

Unsere inneren Anteile sind nicht immer gleich präsent. Oft schlummern sie im Hintergrund und treten erst dann in Erscheinung, wenn bestimmte Ereignisse oder Situationen sie „triggern" – also aktivieren. In solchen Momenten werden all die damit verbundenen Erinnerungen, Gefühle und alten Überlebensstrategien wieder lebendig.

Beispiel: Die Angst vor Ablehnung

Fast jeder Mensch trägt einen Anteil in sich, der Angst vor Ablehnung empfindet. Doch wie stark und prägend dieser Anteil ist, hängt von unseren ganz persönlichen Erfahrungen ab:

- Wurden wir als Kind häufig übersehen oder nicht ernst genommen?
- Haben wir Mobbing oder Ausgrenzung erlebt?
- Sind unsere Bedürfnisse in der Kindheit oft ignoriert worden?

Je gravierender diese Erfahrungen waren, desto größer kann die Angst vor Ablehnung sein. Für Kinder und Jugendliche ist das Gefühl von Zugehörigkeit überlebenswichtig – Ausgeschlossen zu werden wird als existenzielle Bedrohung empfunden. Wenn dieser Anteil stark belastet ist, kann er uns auch im Erwachsenenalter noch beeinflussen.

Mögliche Auswirkungen im Erwachsenenleben:

- Übermäßige Freundlichkeit und das Bedürfnis, es allen recht zu machen
- Sich anbiedern oder unterordnen, um dazuzugehören
- Sozialer Rückzug, um sich vor neuer Ablehnung zu schützen
- Aggressives Verhalten als Schutzmechanismus

Oft werden selbst kleine Situationen, in denen Ablehnung möglich scheint, zu großen inneren Herausforderungen. Ein einfaches „Nein" oder das Ansprechen eines Problems kann sich dann wie ein unüberwindbarer Berg anfühlen.

Der Weg zur Heilung

Heilung beginnt damit, die Entstehung und die Inhalte unserer Anteile zu verstehen. Es geht darum, mitfühlend auf die eigenen inneren Prozesse zu blicken und die unerfüllten Bedürfnisse, die in diesen Anteilen gespeichert sind, zu würdigen. Schritt für Schritt können wir lernen, andere, stärkende Anteile in uns zu entdecken, die uns dabei unterstützen, neue Wege zu gehen.

Der Prozess zur Integration und Heilung:

1. **Verstehen, warum der Anteil entstanden ist**
   Die eigenen Lebensumstände und prägenden Erfahrungen anerkennen.

2. **Erkennen, was der Anteil beinhaltet**
   Gefühle, Gedanken und Schutzmechanismen bewusst wahrnehmen.

3. **Unerfüllte Bedürfnisse würdigen**
   Mitfühlend auf das schauen, was damals gefehlt hat.

4. **Hilfreiche, stärkende Anteile identifizieren** Andere innere Ressourcen entdecken, die unterstützen und Halt geben.

Fazit

Indem wir unsere inneren Anteile wahrnehmen, würdigen und miteinander ins Gespräch bringen, entsteht Raum für Heilung und Veränderung. Wir sind nicht mehr allein mit unserer Angst – wir können uns selbst Halt geben und neue Wege ausprobieren. Oft gelingt dieser Prozess mit Unterstützung von außen leichter, denn es braucht ein Gefühl von Sicherheit, um sich diesen inneren Zusammenhängen zu stellen. Doch mit jedem Schritt wächst unser Verständnis für uns selbst – und das Puzzle unserer Psyche wird vollständiger und lebendiger.

Wir erkennen:

„Ich bin nicht nur Angst, ich bin so vieles mehr."

Dieser Weg fördert unser Gefühl von Selbstwirksamkeit und schafft Raum für Heilung und Wachstum.

„Ich habe meine Teile wieder so schön zusammengefügt, dass ich nicht anders kann, als all den Menschen zu danken, die mich zerbrochen haben."

– L.E.

„Wenn wir lernen, unseren inneren Anteilen mit Mitgefühl und Neugier zu begegnen, schaffen wir einen sicheren Raum für Veränderung und Wachstum."

Traumawissen (mentales Verständnis)

Erklärung des autonomen Nervensystems (nach Steven Porges)[7]

Das vegetative Nervensystem und die Weisheit unserer Überlebensstrategien

Unser vegetatives Nervensystem ist das unsichtbare Orchester, das unser inneres Erleben und unsere Reaktionen auf die Welt steuert. Es arbeitet meist im Hintergrund, reguliert Herzschlag, Atmung, Verdauung und viele andere lebenswichtige Funktionen – und ist dabei eng mit unseren Gefühlen und unserem Verhalten verbunden.

Die Hauptakteure: Sympathikus und Parasympathikus

Das vegetative Nervensystem besteht aus zwei großen „Spielern“: dem Sympathikus und dem Parasympathikus. Der Sympathikus ist unser innerer Antreiber. Er sorgt dafür, dass wir in Aktion kommen, uns verteidigen, kämpfen oder fliehen können, wenn Gefahr droht. Der Parasympathikus hingegen ist zuständig für Entspannung, Regeneration und Heilung.

Die Polyvagal-Theorie von Stephen Porges erweitert dieses Bild und **unterscheidet beim Parasympathikus zwischen zwei Zweigen:**

- **Der ventrale Vagus (vorderseitig):** Er steht für Sicherheit, soziale Verbundenheit, Offenheit und die Fähigkeit, uns mit anderen Menschen zu verbinden.

- **Der dorsale Vagus (rückseitig):** Er ist für Rückzug, Erstarrung, Ohnmacht und das „Abschalten“ zuständig, wenn Stress oder Gefahr zu groß werden.

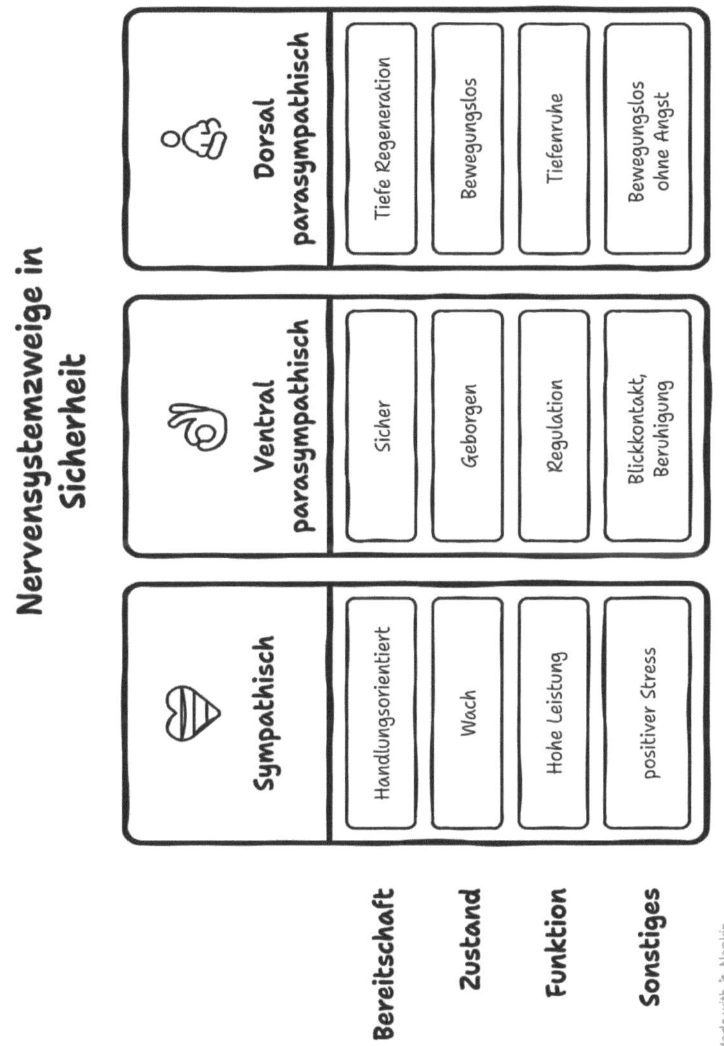

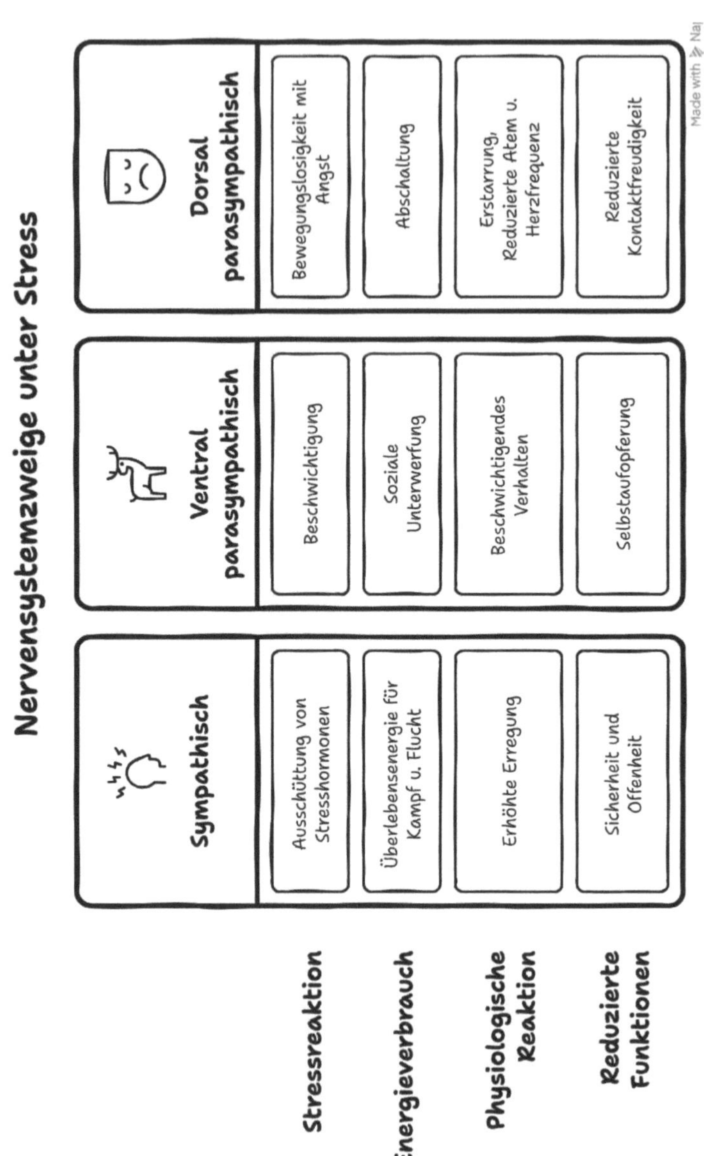

„Wenn wir das biologische Wesen von Angst verstehen, verstehen wir auch die grundlegenden Wurzeln des Traumas" (Peter Levine)

Wie unser Nervensystem auf die Welt reagiert

Unser Nervensystem scannt ständig unsere Umgebung und entscheidet unbewusst, wie sicher oder bedroht wir uns fühlen. Je nachdem, welcher Zweig gerade aktiv ist, erleben wir unterschiedliche Zustände:

- **Ventraler Vagus:** Wir fühlen uns sicher, verbunden, ruhig und offen. Wir können kreativ sein, genießen, uns mitteilen und Nähe zulassen.

- **Sympathikus:** Wir sind aktiviert, bereit zu kämpfen oder zu fliehen. Unser Herz schlägt schneller, wir sind angespannt und fokussiert, manchmal auch gereizt oder ängstlich.

- **Dorsaler Vagus:** Wir ziehen uns zurück, fühlen uns leer, taub, ohnmächtig oder wie abgeschnitten von der Welt. Das System fährt herunter, um uns vor Überforderung zu schützen.

Oft erleben wir auch Mischzustände: Wir sind beispielsweise entspannt und gleichzeitig voller Energie, tanzen ausgelassen oder erledigen Aufgaben mit Freude. In solchen Momenten ist der ventrale Vagus aktiv und „führt das Ruder", während andere Anteile unterstützend wirken.

Was passiert bei Hochstress?

Geraten wir in Hochstress – etwa durch eine bedrohliche Situation, eine heftige Erinnerung oder einen Trigger – übernimmt entweder der Sympathikus (Kampf oder Flucht) oder der dorsale Vagus (Erstarrung,

Ohnmacht) die Kontrolle. Unser System ist dann im Überlebensmodus. Besonders interessant ist die sogenannte **Fawn-Response**: Hierbei versuchen wir, durch Überanpassung, Freundlichkeit und das Zurückstellen eigener Bedürfnisse Sicherheit zu gewinnen. Im Inneren herrscht dabei dennoch hoher Stress – ein Überlebensmechanismus, der uns kurzfristig schützt, langfristig aber zu Erschöpfung und Selbstverlust führen kann.

Die Weisheit unserer Überlebensstrategien

Alle diese Reaktionen – Kampf, Flucht, Erstarren, Unterwerfung oder Überanpassung – sind keine Schwächen, sondern Ausdruck der Intelligenz unseres Nervensystems. Sie sind Überlebensstrategien, die uns geholfen haben, schwierige oder gefährliche Situationen zu überstehen. Auch Kompensationsmechanismen wie Perfektionismus, Kontrolle, Sucht oder das ständige Bemühen, es allen recht zu machen, sind ursprünglich Versuche, mit innerem Stress und Unsicherheit zurechtzukommen.

Unser Körper und unsere Psyche sind wahre Wunderwerke. Sie verfügen über eine enorme Vielfalt an Möglichkeiten, uns durch herausfordernde Zeiten zu bringen. Überleben bedeutet, unsere Grundbedürfnisse wie Nahrung, Sicherheit und Verbundenheit zu schützen.

Überlebensenergie konstruktiv nutzen

Der Schlüssel liegt darin, diese alten Überlebensenergien bewusst wahrzunehmen und sie für unser heutiges Leben positiv einzusetzen. Hier einige Anregungen und Beispiele aus der Praxis:

Kampf-Energie

Diese Kraft kann uns helfen, gesunde Grenzen zu setzen, für uns einzustehen und „Nein“ zu sagen. Sie kann in sportlichen Aktivitäten, beim Aufräumen, Putzen oder kreativen Projekten einen konstruktiven Kanal finden. Wer lernt, diese Energie bewusst zu lenken, kann sie als Motor für Veränderung und Selbstbehauptung nutzen.

Übung:
Nimm dir einen Moment Zeit und spüre in deinen Körper hinein: Wo fühlst du die Energie, die dich antreibt? Vielleicht in den Armen, im Brustkorb oder in den Beinen? Stelle dir vor, du kannst diese Energie bewusst in eine gesunde Grenze lenken – vielleicht indem du innerlich „Stopp“ sagst, wenn du dich überfordert fühlst, oder indem du in einer Situation „Nein“ sagst, die dir nicht guttut. Schreibe auf, wie sich das anfühlt.

Flucht-Energie

Wenn wir spüren, dass wir innerlich „fliehen“ – etwa durch Ablenkung, Tagträumen oder das Bedürfnis, uns aus Situationen zurückzuziehen –, dürfen wir diese Energie sanft wieder zu uns zurückholen. Achtsamkeitsübungen, Meditation oder gezielte Körperwahrnehmung helfen, im Hier und Jetzt anzukommen und sich wieder mit sich selbst zu verbinden.

Übung:
Setze dich bequem hin und atme tief ein und aus. Lenke deine Aufmerksamkeit auf deine Füße und spüre den Kontakt zum Boden. Wandere mit deiner Aufmerksamkeit langsam durch deinen Körper und nimm wahr, wie sich jeder Teil anfühlt. Wenn Gedanken abschweifen, bringe sie sanft zurück zum Körper. Diese Übung hilft, aus der Fluchtenergie zurück in den sicheren Körperraum zu kommen.

Erstarrungs-Energie

Bei Erstarrung ist die Energie blockiert. Sanfte Bewegung, wie achtsame Spaziergänge, leichte Dehnübungen, EFT (Emotional Freedom Techniques) oder neuronales Zittern, können helfen, die Energie wieder ins Fließen zu bringen. Es geht darum, sich behutsam wieder zu spüren, ohne sich zu überfordern.

Übung:
Probiere das sogenannte „neuronale Zittern" aus: Setze dich entspannt hin, schließe die Augen und atme ruhig. Erlaube deinem Körper, kleine, unwillkürliche Bewegungen oder Zittern zuzulassen – ohne sie zu kontrollieren. Beobachte, wie diese Bewegungen Stress und Spannung lösen können. Wenn das für dich zu intensiv ist, beginne mit sanften Dehnungen oder einem langsamen Spaziergang in der Natur.

Unterwerfungs-Energie

Wenn wir uns selbst und unsere Bedürfnisse aus dem Blick verlieren, ist es heilsam, den Fokus langsam wieder auf uns selbst zu richten. Selbstreflexion, Körperkontakt-Übungen und das Wahrnehmen eigener Grenzen unterstützen uns dabei, wieder zu uns selbst zurückzufinden und unsere eigenen Wünsche ernst zu nehmen.

Übung:

Nimm dir jeden Tag fünf Minuten Zeit, um in dich hineinzuhören. Frage dich: „Was brauche ich gerade? Was tut mir gut?" Schreibe deine Antworten auf oder sprich sie laut aus. Verbinde dich mit deinem Körper, zum Beispiel durch sanftes Streicheln der Arme oder eine Umarmung für dich selbst. Diese kleinen Rituale helfen, die Verbindung zu den eigenen Bedürfnissen zu stärken.

Fawn-Response (Überanpassung)

Erkenne, wenn du dich zu sehr anpasst, um Konflikte zu vermeiden oder gemocht zu werden. Übe, kleine Schritte zu machen, um deine eigenen Wünsche und Grenzen wahrzunehmen und zu vertreten. Das kann bedeuten, in einer kleinen Situation ein ehrliches „Nein" zu wagen oder einen eigenen Wunsch zu äußern.

Übung:

Reflektiere Situationen, in denen du dich überangepasst hast. Was hast du gefühlt? Was hättest du dir gewünscht? Überlege dir eine kleine, konkrete Handlung, mit der du dich in Zukunft mehr zeigen kannst – zum Beispiel eine ehrliche Meinung äußern oder eine Bitte formulieren.

Übe diese Handlung zunächst in einem sicheren Umfeld, zum Beispiel mit einer vertrauten Person oder vor dem Spiegel.

Die Kraft der bewussten Transformation

Indem wir unsere Überlebensstrategien erkennen und wertschätzen, können wir sie Schritt für Schritt in konstruktive Lebensenergie verwandeln. Das bedeutet nicht, die Vergangenheit zu vergessen oder zu verdrängen, sondern ihr einen neuen Platz in unserem Leben zu geben. Unsere alten Muster werden so zu Ressourcen, die uns stärken, statt uns zu blockieren.

Fazit

Unser vegetatives Nervensystem und die daraus entstehenden Überlebensstrategien sind keine Fehler, sondern Ausdruck unserer Anpassungsfähigkeit und inneren Weisheit. Sie haben uns geholfen, schwierige Situationen zu überstehen. Heute dürfen wir lernen, diese Kräfte bewusst und konstruktiv für unser Wohlbefinden und unsere Entwicklung einzusetzen. Indem wir unsere inneren Reaktionen verstehen und liebevoll annehmen, verwandeln wir alte Muster in neue Lebenskraft – und schaffen Raum für Heilung, Wachstum und echte Verbundenheit.

Hinweis für Pädagogen und Eltern:

Im Überlebensmodus, also bei starkem Stress, wird durch das autonome Nervensystem – insbesondere durch den Vagusnerv – die Aktivität des Neocortex, also des rationalen Denkens und bewussten Verstandes, stark gedämpft oder vorübergehend abgeschaltet. In solchen Momenten ist das Gehirn darauf ausgerichtet, schnell und automatisch zu reagieren, um das Überleben zu sichern. Bewusstes Nachdenken oder komplexes Problemlösen sind dann kaum möglich.

Das bedeutet: Wenn Kinder im Schulalltag ausschließlich über kognitive Leistungen und rationales Denken gefordert werden, kann das für traumatisierte Kinder eine große Herausforderung darstellen. Ihre Stressreaktionen blockieren den Zugang zu den höheren Denkfunktionen, sodass sie nicht optimal lernen oder sich ausdrücken können. Für diese Kinder ist es besonders wichtig, dass Lernumgebungen Sicherheit und emotionale Stabilität bieten, damit der Verstand wieder aktiv und zugänglich wird.

- Der Vagusnerv ist Teil des parasympathischen Nervensystems und spielt eine zentrale Rolle bei der Regulation von Stressreaktionen.

- Im Hochstress oder Überlebensmodus wird die Aktivität des Neocortex (rationales Denken, Planung, Impulskontrolle) reduziert, während ältere Hirnareale (z.B. limbisches System) aktiv sind.

- Kinder mit Traumata befinden sich häufiger in diesem Modus, was das Lernen erschwert, wenn ausschließlich kognitive Anforderungen gestellt werden.

- Ein ganzheitlicher Ansatz, der auch körperliche Sicherheit und emotionale Unterstützung einbezieht, ist daher besonders hilfreich.

Übungen zur Aktivierung und Regulation des Vagusnervs und des vegetativen Nervensystems

Der Vagusnerv ist ein zentraler Bestandteil unseres parasympathischen Nervensystems und spielt eine Schlüsselrolle für unser Wohlbefinden, unsere Entspannung und unsere Fähigkeit, mit Stress umzugehen. Durch gezielte Übungen können wir diesen Nerv aktivieren, unser Nervensystem beruhigen und so mehr innere Balance und Sicherheit erleben[12]:

Meditation mit Mantra

Meditation ist eine kraftvolle Methode, um den Vagustonus zu erhöhen und tiefe Entspannung zu fördern. Eine besonders einfache Form ist die Meditation mit einem Mantra:

- Suche dir ein kurzes Wort, das für dich Ruhe oder Sicherheit symbolisiert, zum Beispiel „Ruhe“.
- Setze dich bequem und aufrecht hin, schließe die Augen.
- Atme langsam und bewusst ein und aus.
- Wiederhole dein Mantra leise oder nur in Gedanken mehrmals.
- Lass dich von der Schwingung des Wortes tragen und spüre, wie dein Körper sich entspannt.

Das Singen oder Summen von Lauten wie „Om“ kann diesen Effekt noch verstärken, da die Vibrationen direkt den Vagusnerv stimulieren.

Sanfte Stimulation am Hals

Der Vagusnerv verläuft seitlich am Hals entlang und lässt sich durch leichten Druck oder sanfte Berührungen an bestimmten Stellen aktivieren:

- Lege deine Fingerspitzen sanft an die Seiten deines Halses, etwa auf Höhe des Kehlkopfs.
- Massiere die Haut leicht in kreisenden Bewegungen.
- Atme dabei tief und ruhig ein und aus.
- Diese einfache Übung beruhigt das Nervensystem und kann jederzeit zwischendurch angewendet werden.

Augen Fokussierung und Muskelentspannung

Die Augenmuskulatur steht über den siebten Hirnnerv in Verbindung mit dem Vagusnerv. Übungen zur Augenentspannung und -fokussierung helfen, den Parasympathikus zu aktivieren:

- Fixiere abwechselnd einen nahen Gegenstand (z.B. deinen Finger) und dann einen weiter entfernten Punkt.

- Wiederhole diesen Wechsel mehrmals langsam.
- Schließe danach die Augen und lasse sie entspannt ruhen.
- Diese Übung fördert die Entspannung und hilft bei Stress.

Gurgeln und Summen

Da der Vagusnerv auch die Rachen- und Kehlkopfmuskulatur steuert, kannst du ihn durch Gurgeln oder Summen stimulieren:

- Gurgle für etwa 30 Sekunden mit Wasser oder simuliere das Gurgeln ohne Wasser.
- Summen, zum Beispiel ein langgezogenes „Mmmmmm", erzeugt Vibrationen, die den Vagusnerv aktivieren.
- Diese Übungen kannst du überall durchführen, auch unauffällig im Alltag.

Kälteanwendungen

Kälte wirkt beruhigend auf das Nervensystem, indem sie den Sympathikus dämpft und den Parasympathikus aktiviert:

- Wasche dein Gesicht mit kaltem Wasser.
- Halte deine Hand oder dein Gesicht kurz unter kaltes Wasser oder nutze ein kaltes Tuch.

- Diese Kältereize helfen, Stressreaktionen zu reduzieren und das Nervensystem zu beruhigen.

Erdungsübungen

Erdungsübungen helfen, das Nervensystem zu stabilisieren und im Hier und Jetzt zu verankern. Eine einfache Übung:

- Setze dich bequem hin und stelle beide Füße fest auf den Boden.
- Spüre bewusst den Kontakt deiner Füße mit dem Boden.
- Bewege deine Zehen, nimm Temperatur und Textur wahr.
- Stelle dir vor, wie dich die Schwerkraft sanft mit dem Boden verbindet.
- Diese Übung kannst du jederzeit durchführen, besonders wenn du dich gestresst oder „abgehoben“ fühlst.

Die 5-4-3-2-1 Übung zur Orientierung

Diese Übung stammt aus der Traumatherapie und hilft bei großer innerer Unruhe, sich wieder zu zentrieren. Sie spricht alles Sinnesorgane an:

- Schau dich im Raum um und benenne laut oder in Gedanken fünf Dinge, die du sehen kannst.

- Höre aufmerksam auf vier Geräusche in deiner Umgebung.
- Spüre drei Dinge, die du körperlich wahrnehmen kannst (z.B. Stuhl, Kleidung, Temperatur).
- Nenne zwei Gerüche, die du wahrnimmst.
- Erspüre einen Geschmack oder konzentriere dich auf deinen Atem.

Diese bewusste Wahrnehmung hilft, aus einer überwältigenden emotionalen Situation ins Hier und Jetzt zurückzukehren.

Atemübungen

Der Atem ist ein direkter Zugang zum Nervensystem. Langsames, tiefes Atmen aktiviert den Parasympathikus:

- Atme langsam durch die Nase ein (zähle bis 4).
- Halte den Atem kurz an (zähle bis 2).
- Atme langsam durch den Mund aus (zähle bis 6).
- Wiederhole diese Atemsequenz mehrere Minuten.
- Alternativ kannst du auch Vokalübungen machen, z.B. langes „Aaaaaa“ oder „Eeeeee“, um die Vagusnerv-Schwingungen zu stimulieren.

Neurozentriertes Training: Fingerbewegungen

Gezielte Bewegungen der Finger können das Nervensystem regulieren und die Verbindung zwischen Körper und Gehirn stärken:

- Kreise jeden Finger einzeln 4–5 Mal, während du die anderen Finger mit der anderen Hand stabilisierst.

- Beobachte, wie sich dein Körper danach anfühlt.

- Diese einfache Übung fördert die neuronale Vernetzung und kann Stress reduzieren.

Yoga und sanfte Körperübungen

Yogaübungen (Asanas), Atemtechniken (Pranayama) und Meditationen wirken harmonisierend auf das vegetative Nervensystem:

- Sanfte Dehnungen und Haltungen fördern die Durchblutung und lösen Spannungen.

- Atemübungen helfen, den Parasympathikus zu aktivieren.

- Meditationen unterstützen die innere Ruhe und das Loslassen von Stress.

Vagusnerv-Stimulationstechniken

Fazit

Die Aktivierung und Regulation des Vagusnervs und des vegetativen Nervensystems sind Schlüssel für mehr innere Ruhe, Ausgeglichenheit und Resilienz. Die vorgestellten Übungen sind einfache, aber wirkungsvolle Werkzeuge, die du jederzeit in deinen Alltag integrieren kannst. Sie helfen, Stress abzubauen, das Nervensystem zu stabilisieren und die Verbindung zu dir selbst und anderen zu stärken. Im Internet gibt es zahlreiche Videos und hilfreiche Ergänzungen zu diesem Thema der Selbstunterstützung. Wichtig ist, dass diese Übungen oft auch schnell wirken. Um langfristig das Nervensystem zu beruhigen und es in ein entspannteres Feld zu bekommen, braucht es regelmäßige Wiederholungen.

Stresstoleranz-Fenster (nach Daniel Siegel)

Das Stresstoleranzfenster – Wie wir innere Balance erleben

Das Stresstoleranzfenster nach Daniel Siegel ist ein hilfreiches Modell, um zu verstehen, wie unser Nervensystem auf die Herausforderungen des Lebens reagiert. Es beschreibt den Bereich, in dem wir uns emotional ausgeglichen, sicher und handlungsfähig fühlen. Den Balance Bereich. Innerhalb dieses Fensters können wir das Leben genießen, auf andere zugehen und flexibel mit Stress umgehen.

Was kennzeichnet einen balancierten Zustand?

Im Idealfall bewegen wir uns die meiste Zeit innerhalb unseres Stresstoleranzfensters. In diesem Zustand erleben wir[8]:

- **Ein ausgewogenes Erregungsniveau:**
  Unser Nervensystem schwingt zwischen Aktivität und Entspannung und bleibt dabei flexibel. Wir können auf Anforderungen reagieren, ohne aus dem Gleichgewicht zu geraten.

- **Emotionale Regulation:**
  Wir sind in der Lage, verschiedene Gefühle – von Freude bis Ärger – wahrzunehmen und zu halten, ohne von ihnen überwältigt zu werden.

- **Verbundenheit:**
  Wir spüren eine Verbindung zu uns selbst, zu unserem Körper und zu anderen Menschen. Empathie und Mitgefühl sind spürbar.

- **Sicherheitsgefühl:**
  Auch wenn unangenehme Gefühle auftauchen, bleibt ein Grundgefühl von Sicherheit erhalten.

- **Anpassungsfähigkeit:**
  Wir können auf die Anforderungen des Alltags flexibel reagieren und uns in sozialen Situationen angemessen verhalten.

In diesem Zustand sind wir präsent, genießen das Leben und können Herausforderungen gelassen begegnen.

Was passiert bei Stress?

Wird unser Nervensystem durch Stress überfordert, verlassen wir unser Toleranzfenster. Es gibt zwei typische Reaktionen:

- **Übererregung:**
  Wir fühlen uns angespannt, gereizt, ängstlich oder innerlich getrieben. Das System schaltet auf Kampf oder Flucht. Bleibt dieser Zustand zu lange bestehen, erfolgt keine Regulation und/oder Co-Regulation geraten wir in einen Zustand von Hochstress, der auf Dauer sehr belastend ist u**nd dies führt zur**

- **Untererregung:**
  Um uns zu schützen, fährt das System nun herunter. Wir fühlen uns leer, taub, abgeschnitten oder emotional erstarrt. Rückzug,

Teilnahmslosigkeit und Erschöpfung sind typische Anzeichen. Beide Zustände sind Schutzmechanismen unseres Körpers, um mit Überforderung umzugehen. Kurzfristig helfen sie uns, langfristig jedoch können sie unser Wohlbefinden und unsere Beziehungen beeinträchtigen.

Das Stresstoleranzfenster und die Wirkung von Trauma

Jeder Mensch hat ein individuelles Stresstoleranzfenster. Wer in einer sicheren, unterstützenden Umgebung aufgewachsen ist, hat oft ein weites Fenster und bleibt auch in schwierigen Situationen gelassen.

Breites Stresstoleranzfenster ohne Traumaerfahrung

Zustand erhöhter Angst und Nervosität

Übererregung

Ängste, Panik, Wut, Aggression, Nervosität, Unruhe, Schlaflosigkeit, Misstrauen, Herzrasen, Überwachsamkeit, Überwältigung, Konzentrationsschwierigkeiten, Unsicherheit

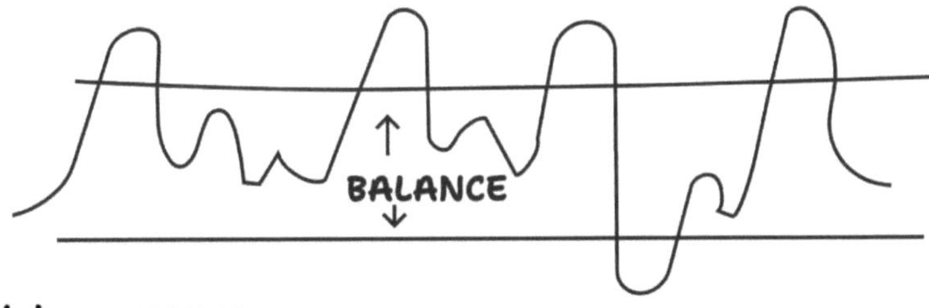

Untererregung

Zustand von Depression und Erschöpfung

Dissoziation, Depression, Erschöpfung, chronische Müdigkeit,Sinnlosigkeit, Gefühllosigkeit, Schmerzempfindlichkeit, sich getrennt fühlen, wenig Bewegung, Kälte, sich nicht sicher fühlen, verwirrt

Es dauert länger bis man aus dem Stresstoleranzfenster ,,hinaus fällt". Und selbst wenn man über die Grenze kommt, gelingt es eventl. auch durch Regulation und/oder Co-Regulation schneller wieder zurück in den Balance-Bereich zu kommen. Man ist resilienter.

Menschen mit traumatischen Erfahrungen dagegen haben meist ein engeres Fenster: Schon kleine Auslöser können sie aus der Balance bringen und in Über- oder Untererregung führen. Und fehlende Regulation und/oder Co-Regulation führen eventl. dazu, auch im Bereich Über-oder Untererregung zu verharren. Man ist weniger resilient.

Enges Stresstoleranzfenster mit Traumaerfahrung

Zustand erhöhter Angst und Nervosität

Übererregung

Ängste, Panik, Wut, Aggression, Nervosität, Unruhe, Schlaflosigkeit, Misstrauen, Herzrasen, Überwachsamkeit, Überwältigung, Konzentrationsschwierigkeiten, Unsicherheit

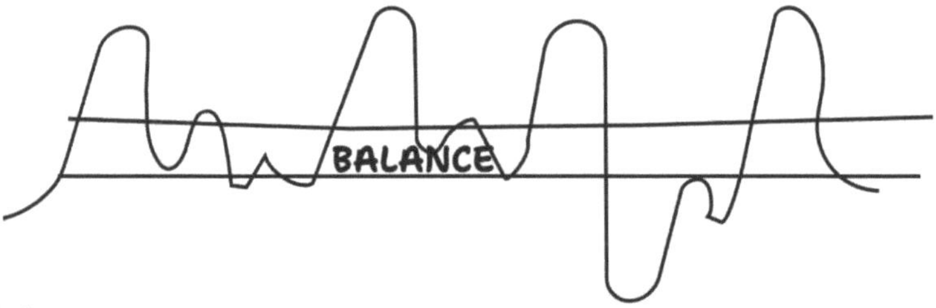

BALANCE

Untererregung

Zustand von Depression und Erschöpfung

Dissoziation, Depression, Erschöpfung, chronische Müdigkeit,Sinnlosigkeit, Gefühllosigkeit, Schmerzempfindlichkeit, sich getrennt fühlen, wenig Bewegung, Kälte, sich nicht sicher fühlen, verwirrt

Dieses Verständnis ist besonders wichtig, wenn wir mit Menschen arbeiten, die Trauma-Folgen in sich tragen. Es erklärt, warum scheinbar kleine Stresssituationen zu starken Reaktionen führen können. Und wenn es keinen Zugang zur Regulation und/oder Co-Regulation gibt, bleibt man in den Zuständen von Über-oder Untererregung ,,hängen".

Ziel einer traumasensiblen Begleitung ist es, das eigene Stresstoleranzfenster Schritt für Schritt zu erweitern, sodass mehr Stabilität, Lebensfreude und Handlungsfähigkeit möglich werden.

Ein Beispiel aus dem Alltag: Schlaftraining bei Kindern

Ein anschauliches Beispiel ist das sogenannte Schlaftraining bei Babys. Wenn ein Säugling lange schreit und niemand darauf reagiert, befindet er sich zunächst in Überregung (das Schreiben ist Kampf, Flucht ist nicht möglich). Bleibt die Unterstützung (Co-Regulation) aus, schaltet das Nervensystem irgendwann auf Untererregung um – das Baby wirkt ruhig oder schläft ein, ist aber innerlich in einer Schutzreaktion gefangen. Für Außenstehende sieht das nach Erfolg aus, tatsächlich handelt es sich jedoch um eine Stress- und Traumareaktion. Gerade bei kleinen Kindern ist es überlebenswichtig, dass ihre Bedürfnisse wahrgenommen und beantwortet werden und sie dadurch Regulation lernen.

Wie können wir unser Stresstoleranzfenster erweitern?

Das Ziel ist, unser Fenster Schritt für Schritt zu vergrößern, damit wir flexibler und gelassener auf das Leben reagieren können. Einige bewährte Wege sind:

- **Achtsamkeit und Selbstfürsorge:**
  Regelmäßige Pausen, bewusste Atmung und das Wahrnehmen eigener Gefühle helfen, im Fenster zu bleiben.

- **Körperorientierte Übungen:**
  Bewegung, sanfte Dehnungen, Meditation oder Entspannungstechniken unterstützen die Regulation des Nervensystems.

- **Soziale Unterstützung:**
  Vertrauensvolle Beziehungen und Co-Regulation mit anderen Menschen stärken das Gefühl von Sicherheit und Zugehörigkeit.

- **Selbstmitgefühl und Akzeptanz:**
  Sich selbst mit Freundlichkeit zu begegnen und die eigenen Grenzen zu respektieren, ist ein wichtiger Schritt auf dem Weg zu mehr innerer Weite.

Fazit:

Das Stresstoleranzfenster ist ein wertvolles Modell, um sich selbst und andere besser zu verstehen. Es zeigt, wie wir emotionale Balance finden und erhalten können – auch nach belastenden Erfahrungen. Indem wir lernen, unser Fenster zu erkennen und zu erweitern, schaffen wir Raum für Heilung, Wachstum und mehr Lebensfreude.

Wie das autonome Nervensystem und die Stresstoleranz zusammen hängen

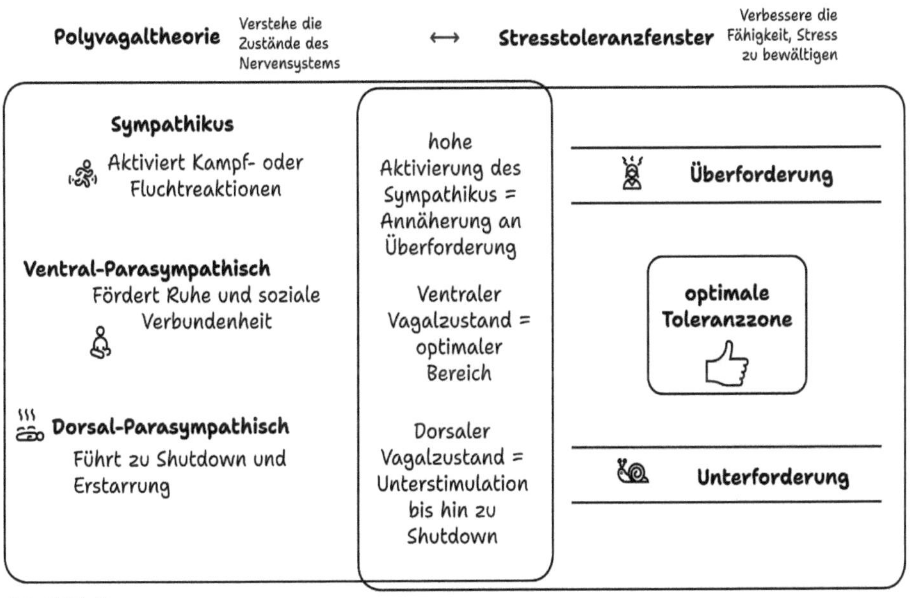

Das Stresstoleranzfenster beschreibt den Bereich, in dem wir emotional stabil, präsent und flexibel sind (Balance-Bereich) – wir können Stress gut verarbeiten und angemessen reagieren. Es beschreibt ebenso den Bereich, wenn wir den Bereich Balance verlassen und entweder nach oben oder nach unten gehen. Die Polyvagal-Theorie liefert die physiologische Erklärung dafür: Sie unterscheidet drei Zustände des autonomen Nervensystems. Polyvagal-Theorie und das Stresstoleranzfenster hängen eng zusammen:

- Ventraler Vagus (Sicherheit, Verbundenheit): Wir befinden uns mittig im Stresstoleranzfenster. Wir fühlen uns sicher, verbunden und sozial offen – genau der Zustand, in dem wir uns im Balance-Bereich des Stresstoleranzfensters befinden.
- Sympathikus (Kampf/Flucht): Bei Gefahr oder Stress geraten wir in Kampf- oder Fluchtmodus (Übererregung) und verlassen das Fenster nach oben.
- Dorsaler Vagus (Erstarrung): Sind wir zu lange im Kampf/Flucht Modus, ist dies für unser System zu anstrengend und es bringt uns in die Überforderung oder Ohnmacht und schaltet das System auf Erstarrung oder Rückzug (Untererregung) – wir fallen unter das Fenster.
- Traumatische Erfahrungen können das Stresstoleranzfenster verengen, sodass wir schneller in Über- oder Untererregung geraten.

Das Ziel:
Mit Hilfe von Selbstregulation (z. B. Atemübungen, Bewegung, Achtsamkeit, Ressourcen) und unterstützenden Beziehungen (Co-Regulation) können wir unser Nervensystem beruhigen, das Fenster wieder weiten und öfter im Zustand von Sicherheit und Verbundenheit bleiben.Bzw. schneller wieder in den Balance-Bereich zurückkehren.

Vagusnerv Leiter (nach Deb Dana)

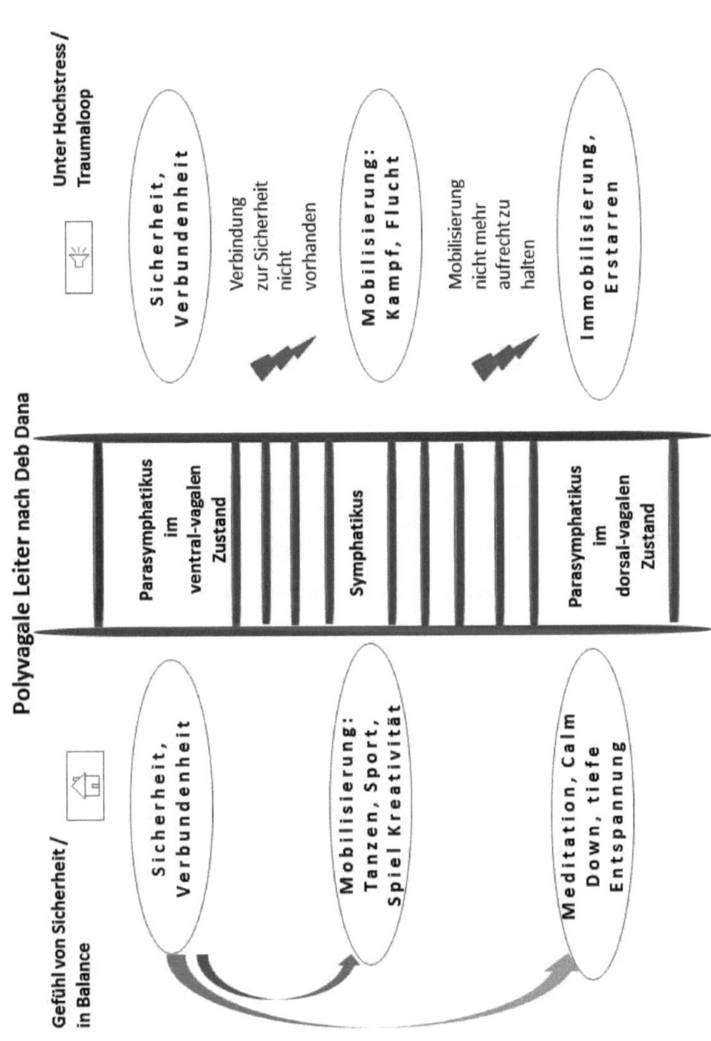

Bild: vereinfachte Vagusnerv Leiter [9]

Die Vagusnerv-Leiter – Innere Zustände erkennen und verändern

Eine hilfreiche Ergänzung zum Stresstoleranzfenster ist das Bild der „Vagusnerv-Leiter". Sie veranschaulicht, wie unser Nervensystem zwischen verschiedenen Zuständen wechselt und wie entscheidend dabei unsere Verbindung zum ventralen Vagus ist – jenem Teil, der uns Sicherheit, Verbundenheit und innere Ruhe schenkt und wie dadurch Mischzustände entstehen.

Die Stufen unserer inneren Leiter

- **Unten auf der Leiter:**

  Befinden wir uns am **unteren Rand der Leiter, dem dorsalen Bereich und sind trotzdem noch mit dem ventralen Vagus verbunden**, erleben wir tiefe **Entspannung, Regeneration und innere Ruhe**. In diesem Zustand sind wir zwar wenig aktiv, fühlen uns aber sicher und geborgen – etwa beim Meditieren, Tagträumen oder in Momenten stiller Zufriedenheit.

Verlieren wir jedoch den Kontakt zum ventralen Vagus, etwa durch starken Stress oder Überforderung, kippt unser System in **Erstarrung und Immobilisierung.** Wir hängen dann vielleicht antriebslos auf dem Sofa, starren ins Leere oder verlieren uns in endlosem Scrollen durch soziale Medien. Wir sind wie abgeschnitten von unserem Körper und unseren Gefühlen – ein Schutzmechanismus, der uns vor Überforderung bewahren soll.

- ❖ **In der Mitte der Leiter:**

  Sind wir in der **Mitte der Leiter, im Bereich Sympathikus und gleichzeitig mit dem ventralen Vagus verbunden**, erleben wir gesunde Aktivierung: Wir sind kreativ, tanzen, bewegen uns mit Freude oder gehen unseren Aufgaben motiviert nach. Wir fühlen uns lebendig, **in Verbindung mit uns selbst und anderen** – ein Zustand, in dem Wachstum, Begegnung und Lebensfreude möglich sind.

Fehlt in diesem Bereich jedoch die Verbindung zum ventralen Vagus, dominiert der Sympathikus allein. Wir geraten in einen Zustand von **Dauerstress, Kampf oder Flucht.** Die Gedanken rasen, wir sind getrieben, angespannt, vielleicht wütend oder ängstlich. Zwar spüren wir unseren Körper, aber das Gefühl von Verbundenheit und Sicherheit fehlt.

Die Leiter - vom Rückzug zur Lebendigkeit

Das Bild einer Leiter veranschaulicht gut, wie wir aus einem Zustand von Erstarrung und Rückzug wieder in einen Zustand von Lebendigkeit und Verbundenheit gelangen können. Ganz unten auf der Leiter befindet sich der Bereich der Erstarrung – ein Zustand, in dem wir uns zurückziehen, uns schützen und kaum noch Kontakt zur Außenwelt haben (dorsaler Bereich).Ganz oben hingegen steht der ventrale Vagusnerv, der für Offenheit, Sicherheit und soziale Verbundenheit sorgt. Um von unten nach oben zu gelangen, brauchen wir Impulse, die unseren Körper sanft aktivieren und aus dem Rückzug herausführen.

Diese Impulse liegen in der Mitte der Leiter – im Bereich des Sympathikus, der unser Aktivierungssystem steuert.

Solche Impulse können ganz einfach sein: kleine Bewegungen, bewusste Atemübungen, Kontakt zu anderen Menschen oder auch der Aufenthalt in der Natur. Sie helfen uns, Schritt für Schritt die Leiter hinaufzuklettern und wieder mehr Lebendigkeit und Verbundenheit zu spüren.

Dieser Prozess braucht Zeit und Geduld. Doch mit jedem kleinen Schritt werden wir spürbar aktiver, präsenter und offener für die Welt um uns herum.Diese Möglichkeiten zur Selbstregulation und Co-Regulation lassen sich üben und in den Alltag integrieren. Eine traumasensible Begleitung kann dabei helfen, diese Ressourcen zu entdecken und regelmäßig zu nutzen und diese Schritte gemeinsam zu gehen.

Typische Gedanken und Gefühle auf der Leiter

Menschen im Zustand der Erstarrung oder Rückzug erleben oft Gedanken wie:

- „Alles fühlt sich schwer und unmöglich an."
- „Es scheint, als würde sich nie etwas ändern."
- „Ich schlafe, aber bin trotzdem ständig müde."
- „Ich fühle mich leer oder innerlich niedergeschlagen."

- „Ich bin allein und habe niemanden, der für mich da ist."
- „Obwohl viele Menschen um mich sind, fühle ich mich einsam."
- „Es fällt mir schwer, klar zu denken oder zu sprechen."
- „Ich empfinde Scham oder Hoffnungslosigkeit."
- „Es fühlt sich an, als wäre ich nicht wirklich hier."

Im Zustand von Kampf oder Flucht – also bei starker Aktivierung – tauchen dagegen häufig diese Gedanken auf:

- „Meine Gedanken rasen."
- „Ich kann nicht abschalten oder entspannen."
- „Ich muss alles sofort erledigen."
- „Was, wenn alles schief geht?"
- „Ich bin ängstlich, besorgt und habe Angst."
- „Ich habe das Bedürfnis, alles unter Kontrolle zu halten."
- „Ich bin wütend, frustriert und genervt."
- „Sind alle sauer auf mich?"

Die Leiter als Werkzeug der Selbstfürsorge

Das Bild der inneren Leiter hilft uns, unsere Zustände besser zu erkennen und einzuordnen. Es zeigt auch: Wir können lernen, uns selbst sanft nach oben zu begleiten – durch kleine, wohltuende Handlungen, die das Gefühl von Sicherheit stärken. Mit Geduld, Übung und Mitgefühl für uns selbst finden wir Schritt für Schritt zurück zu mehr Balance, Lebendigkeit und Verbundenheit.

Die Wirkung von Trauma-Wissen anhand eines Beispiels

Viele gehen davon aus, dass eine Veränderung einer Einsicht gleicht. Wenn ich etwas verstehe, dann verändere ich es auch. Da Trauma mehr als eine fehlende Einsicht ist, braucht es dringend den nächsten für uns viel schwierigeren Schritt:

die Veränderung innerer Gefühlszustände.

- ❖ Gefühle führen zu Empfindungen, Empfindungen führen aufgrund früherer Erfahrungen zu Interpretationen, diese Interpretationen führen zu emotionalen Reaktionen.

Lassen Sie mich dies anhand eines vereinfachten Beispiel näher erläutern:

Anton fühlt sich in einem Streit mit seiner Freundin hilflos, dieses Gefühl setzt bestimmte chemische Reaktionen, Verknüpfungen im Nervensystem und somit ein bestimmtes Körperempfinden in Gang. Wie er dieses Gefühl wahrnimmt, hängt von seinen früheren Erfahrungen ab. In Antons Fall wurde er in seiner Kindheit oft mit dem Gefühl von Hilflosigkeit allein gelassen, es gab kein Auffangen und eine passende Regulation von Bezugspersonen hat er nicht erfahren. Damals war es für ihn ein Gefühl der absoluten Hilflosigkeit. Für sein autonomes Nervensystem ging es damals um Leben und Tod. Er war ein Kind, Hilflosigkeit war eine Todesgefahr.

Heute, als Erwachsener, ist die Situation zwar nicht mehr lebensbedrohlich, aber sein Körper reagiert immer noch ähnlich wie früher. Das liegt daran, dass diese Verbindung zwischen dem Gefühl der Hilflosigkeit und der starken Reaktion tief im Unbewussten verankert ist. Er fällt blitzschnell aus seinem Stresstoleranzfenster, kommt in die Übererregung und kommt in den Überlebensmodus: Kampf. Deshalb wird Anton im Streit wütend. Er interpretiert also das Gefühl von Hilflosigkeit immer noch als Lebensgefahr und setzt als emotionale Reaktion Wut ein, um sich zu wehren.

Altes-Anton-Ich:

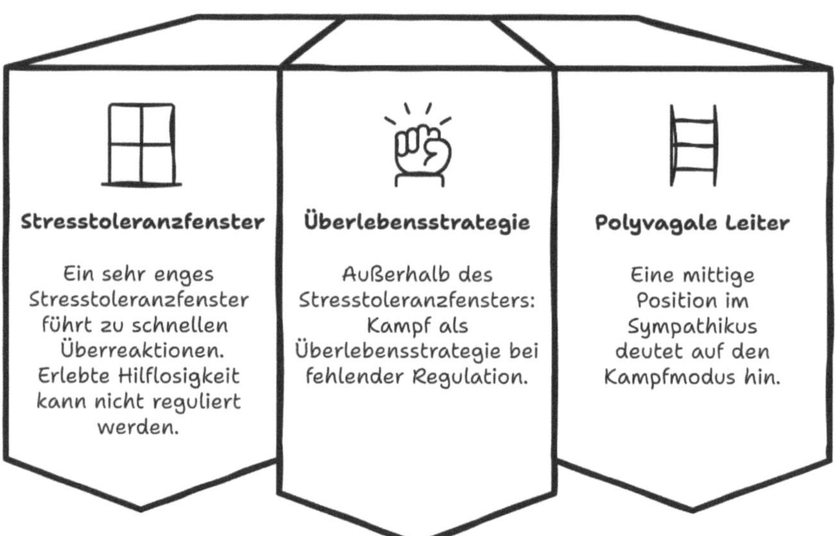

Anmerkung: Anton hätte statt zu kämpfen auch die Flucht wählen können und wäre dann aus der Situation herausgekommen. Anton hätte auch aus der Vergangenheit lernen können, dass Kampf und Flucht nichts bringt und er wäre dann sofort in die Unterreaktion gegangen: Rückzug, verschlossen, depressiv.

Durch das Bewusstwerden der alten Gefühle und der Verknüpfungen, kann Anton beginnen an sich zu arbeiten und folgendes geschieht:

- alte Gefühle führen zu neuen Empfindungen, diese führen zu neuen Interpretationen, diese führen zu neuen emotionalen Reaktionen

Das bedeutet in unserem Beispiel: Anton fühlt sich im Streit zwar immer noch hilflos, lernt aber sein Inneres neu zu empfinden und dann auch neu zu interpretieren und hat nun die Möglichkeit, eine neue emotionale Reaktion hervorzuholen.

<u>Wie hat Anton das gelernt:</u>

In seiner Beratung hat er gelernt, dass unter seiner fühlenden Wut eigentlich Hilflosigkeit liegt. Und wenn er sich hilflos fühlt, ist sein Instrument damit umzugehen, die Wut. Im ersten Schritt entwickelt er ein mentales Verständnis für seine Situation. Er weiß nun auch, warum diese Hilflosigkeit da ist, woher sie kommt, wie sie entstanden ist und was er eigentlich gebraucht hätte in der Kindheit. Er entwickelt nach und nach ein Mitgefühl für sich selbst.

Durch Ressourcenarbeit und Übungen zur Körperwahrnehmung gelingt es ihm, die Hilflosigkeit zuerst einmal nur zu fühlen. Durch sein Mitgefühl für sich selbst und durch seinen neuen Zugang zu seinem Körper, kann er nun die Hilflosigkeit neu interpretieren und statt der alten Wut kommt vielleicht eine neue Reaktion: „Ich bin hilflos und weiß gerade nicht, wie ich damit umgehen soll. Ich brauche Zeit."

Durch feinfühlige Unterstützung begann er langsam, sein altes Gefühl der Hilflosigkeit besser zu verstehen und neu einzuordnen. Dieser Veränderungsprozess braucht Zeit, Geduld und aktive Mitarbeit.

Neues Anton-Ich:

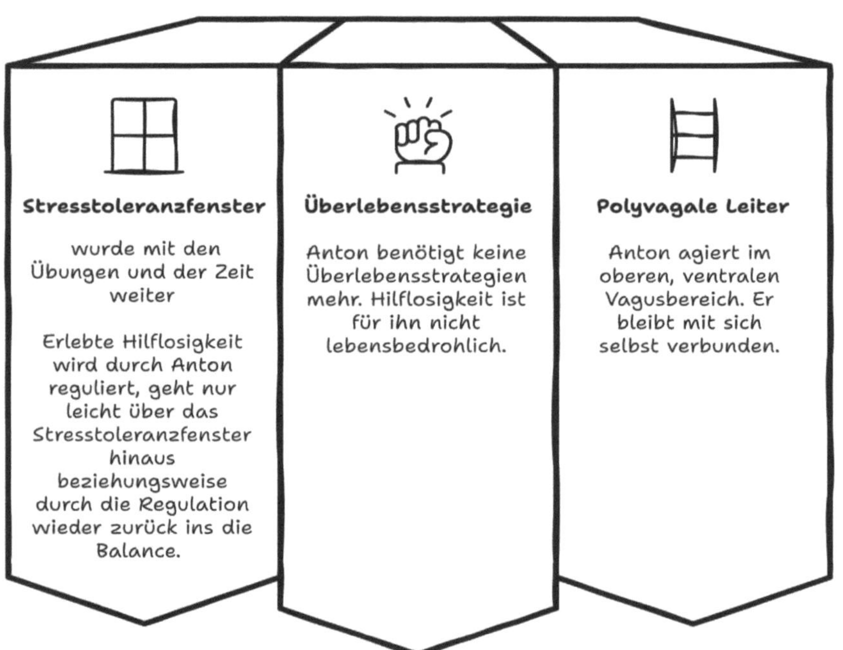

Gefühle und Emotionen verstehen

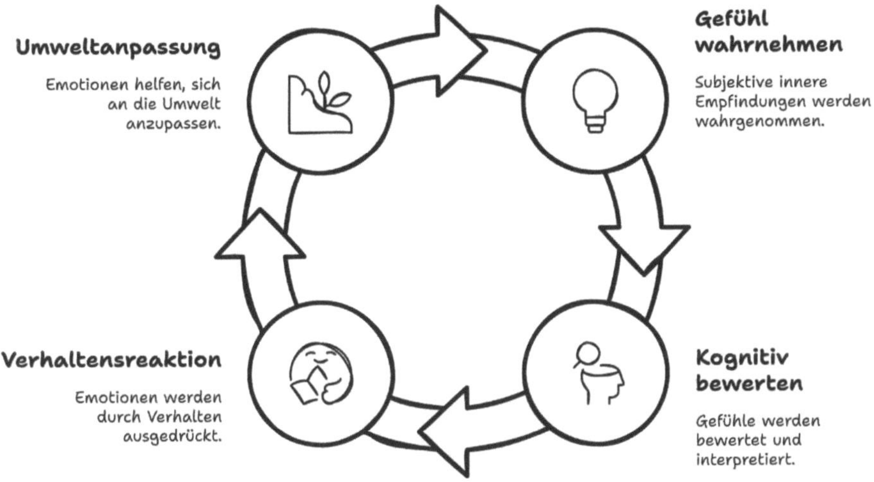

Bild: Gefühle [10]

Gefühle sind subjektive, fließende innere Empfindungen, die wir körperlich wahrnehmen. Diese werden kognitiv bewertet und interpretiert und dann durch eine Verhaltensreaktion ausgedrückt. Somit entsteht eine Emotion, als Reaktion auf die Umwelt und Anpassung an die Situation, die objektiv wahrnehmbar ist.

Aus unserem Beispiel: Das Gefühl von Angst führt zur Empfindung von Hilflosigkeit und wird als Wut ausgedrückt und sichtbar gemacht.

Schritte zur emotionalen Regulierung

Schritt 1: Wahrnehmung und Sicherheit

· Zuerst müssen wir lernen, unsere Gefühle und dazugehörigen körperlichen Empfindungen wahrzunehmen.

· Um dies zu ermöglichen, brauchen wir eine sichere Umgebung, sowohl innerlich als auch äußerlich.

Wir können dies erreichen durch:

★ Übungen zur Selbstregulation

★ Arbeit an unseren inneren Ressourcen

★ Auseinandersetzung mit unseren inneren Anteilen.

★ Erlernen von Co-Regulation (z.B.: mit Hilfe einer Vertrauensperson oder eines Therapeuten)

★ Wichtig ist, die Angst vor intensiven Gefühlen zu reduzieren, um nicht von ihnen überwältigt zu werden.

Schritt 2: Neuinterpretation und Reaktion

· Im zweiten Schritt lernen wir, unsere Gefühle und Empfindungen neu zu interpretieren.

· Da Gefühle und die dazugehörigen Empfindungen sehr schnell auftreten, müssen wir unser „Stresstoleranzfenster“ erweitern.

Ein breites Stresstoleranzfenster gibt uns Zeit:

★ Um zwischen Gefahr und Nicht-Gefahr zu unterscheiden.

★ Um angemessen zu reagieren.

★ Um neue, passende emotionale Reaktionen zu entwickeln.

Statt impulsiv (z.B. mit Wut) zu reagieren, können wir lernen:

· uns selbst zu beruhigen oder uns durch Ressourcen beruhigen zu lassen (Co-Regulation).

· Unsere Grenzen klar zu kommunizieren.

· Verletzungen anzusprechen, ohne die Verbindung zum Gegenüber zu verlieren.

Diese Schritte helfen uns, unsere Gefühle besser zu verstehen und angemessener mit ihnen umzugehen.

„Where there is anger, there is always pain underneath“ (Eckhart Tolle)

Die sechs Stufen der Veränderung auf dem Weg der Heilung

Heilung ist kein geradliniger Weg mit einem klaren Anfang und Ende. Vielmehr ist sie ein lebendiger Prozess, der uns immer wieder auf neue Weise fordert und wachsen lässt. Wenn wir uns bewusst machen, dass Heilung in verschiedenen Phasen verläuft, können wir unseren Weg besser verstehen und mit mehr Mitgefühl für uns selbst gehen.

Diese sechs Stufen orientieren sich an den Trauerphasen von Elisabeth Kübler-Ross, denn Heilung bedeutet oft auch Abschied zu nehmen – von alten Vorstellungen, von schmerzhaften Erfahrungen und von einem Leben, das nicht mehr zu uns passt. Erst wenn wir bereit sind, loszulassen, schaffen wir Raum für ein neues, authentisches Leben.

1. Verleugnung

Am Anfang steht häufig die Verleugnung. Wir sagen uns: „So schlimm war es doch gar nicht" oder „Es gab ja auch schöne Zeiten." Das Verdrängen schützt uns vor der vollen Wucht der Realität und gibt uns Zeit, weiterzumachen. Doch irgendwann drängt das Unausgesprochene an die Oberfläche.

<u>Reflexion:</u>
Welche Gefühle oder Erinnerungen schiebe ich vielleicht noch beiseite? Was fällt mir schwer anzuschauen? Welche Gefühle, die ich bei anderen wahrnehme, ,,triggern' mich oder werte ich ab ?

2. Realisieren

Die Wahrheit wird sichtbar. Was lange im Dunkeln lag, wird nun bewusst. Wir können die Augen nicht mehr verschließen und beginnen, die Realität so anzunehmen, wie sie ist – mit all ihrem Schmerz und ihrer Komplexität.

Reflexion:
Welche Erkenntnisse sind mir in letzter Zeit klar geworden? Wo spüre ich Widerstand, die Wahrheit anzunehmen? Wo wiederholen sich schmerzhafte Ereignisse in meinem Leben ?

3. Trauer und Wut – Das Tal der Tränen

Dies ist oft die tiefste und schmerzhafteste Phase. Wir trauern um das, was verloren ist, und spüren Wut über das Unrecht oder die Verletzungen. Das Zulassen dieser Gefühle ist notwendig, um zu heilen und die inneren Wunden zu reinigen.

Reflexion:
Welche Verluste oder Verletzungen darf ich jetzt betrauern? Wie kann ich meine Wut und Trauer ausdrücken und zulassen? Wo gibt es einen geschützten Raum dafür ? Wer kann mich liebevoll darin unterstützen und halten ?

4. Akzeptanz

Nach dem Sturm kommt die Ruhe. Wir akzeptieren, was war und was ist. Diese Haltung bedeutet nicht Resignation, sondern Frieden mit der Realität und die Bereitschaft, weiterzugehen.

Reflexion:

Was kann ich jetzt annehmen, ohne zu urteilen? Wo spüre ich inneren Frieden? Was darf so sein, wie es ist ?

5. Neue Erkenntnis und Erfahrung

Mit der Akzeptanz öffnen sich neue Perspektiven. Wir entdecken neue Möglichkeiten, erkennen unsere Stärken und Ressourcen und gewinnen Mut, unser Leben neu zu gestalten.

Reflexion:

Welche neuen Einsichten habe ich gewonnen? Welche Chancen sehe ich jetzt für mich? Wie kann ich nun mit dieser Erkenntnis gut für mich sorgen ? Wo darf ich Grenzen setzen ?

6. Integration

Schließlich verweben wir die Erfahrungen mit unserem Selbstbild. Das Erlebte wird Teil unserer Geschichte, ohne uns zu bestimmen. Wir fühlen uns ganz und frei, bereit für ein authentisches Leben.

Reflexion:

Wie integriere ich meine Erfahrungen in mein Leben? Was macht mich heute aus? Welche Menschen, Orte, Situationen tun mir gut und welche nicht ?

Heilung als fortwährender Prozess

Heilung geschieht oft in Wellen. Manchmal durchlaufen wir diese Stufen mehrfach, manchmal in unterschiedlicher Reihenfolge. Jede Stufe bringt uns näher zu uns selbst und zu einem Leben, das uns wirklich entspricht.

> *„Alles, was nicht verarbeitet ist, kann getriggert werden."* (Verena König),

Diese Erkenntnis erinnert uns daran, geduldig mit uns zu sein und uns Zeit zu geben. Heilung braucht Raum, Zeit und vor allem Mitgefühl – für uns selbst und für unseren einzigartigen Weg

Kennzeichen von Menschen mit Trauma-Folgen

Sicherheit und der Gegenspieler Angst

Die meisten Menschen mit Trauma-Folgen haben durch ihre traumatischen Erfahrungen ein wichtiges Gut verloren. Die Sicherheit.

Vielleicht haben sie Sicherheit sogar noch nie in ihrem Leben erfahren. Aus diesem Grund ist eine der wichtigsten Aufgaben in der Arbeit mit Menschen, dieses Gefühl zu fördern. Nur wenn wir uns sicher fühlen, ist ein erfülltes Leben überhaupt erst möglich.

<u>Exkurs:</u>

Entwicklungstrauma und Bindungstrauma gehören oft zusammen und beziehen sich auf traumatische Verletzungen in der Kindheit. Ein Entwicklungstrauma entsteht durch Ereignisse, die das Kind in seiner gesunden Entwicklung behindert, wie zum Beispiel Sicherheit oder emotionale Verbundenheit, Fürsorge uvm. Das Kind ist über eine längere Zeit in einem unsicheren, stressvollen Umfeld. Es betrifft die körperliche, emotionale und soziale Entwicklung.

Ein Bindungstrauma bezieht sich auf frühe negative Bindungserfahrung. Diese Erschütterung in der Beziehung zu wichtigen Bezugspersonen beeinträchtigt die Fähigkeit, später im Leben gesunde Beziehungen aufzubauen. Beide Traumata bedingen sich oft gegenseitig und fließen ineinander über.

Bei Entwicklungstrauma (ET) und Bindungstrauma (BT) ist es oft so, dass es schon in frühester Kindheit, ja sogar mit Beginn des Lebens keine stabile Sicherheit gab. Unser Nervensystem, wie oben beschrieben, passt sich dieser Situation an und konzipiert ein neuronales Netz inkl. chemischen Botenstoffen, was sich diesen Umständen anpasst und so zum Überleben antreibt.

Bei einem einmaligen Akuttrauma (AK) in späteren Lebensjahren wird einem diese Sicherheit vielleicht genommen oder zumindest zutiefst erschüttert.

Es ist in der Arbeit mit Menschen ein Unterschied, ob dieser eine Erfahrung von Sicherheit kennt oder vielleicht noch nie erfahren hat. Einer der wichtigsten Beiträge in der Arbeit mit Menschen mit Trauma-Folgesymptomen ist es, einen Beitrag zum Empfinden von Sicherheit beizutragen.

Warum ist es so wichtig, die Erfahrung von Sicherheit wiederherzustellen?

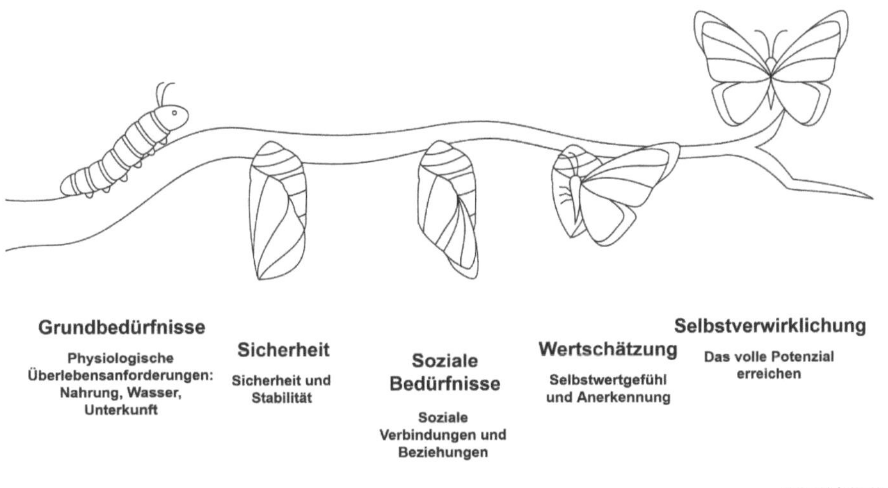

Bild 6: Bedürfnisentwicklung[11]

Direkt nach den Grundbedürfnissen, zu denen Essen, Schlafen, körperliche Nähe gehören, brauchen wir das Gefühl von Sicherheit, um uns erst danach um soziale, individuelle Bedürfnisse und schließlich um die Selbstverwirklichung zu kümmern. Sicherheit bedeutet körperliche Unversehrtheit, finanzielle Sicherheit, ein sicheres Zuhause und ist damit eine elementare Grundlage.

Ein Säugling oder ein Kleinkind braucht eine Bezugsperson. Ohne Bezugsperson, die es versorgt, wird dieses kleine Wesen sterben. So ist die Wahrnehmung als hilfloser Säugling.

Es spürt Bedürfnisse wie Hunger, Durst, Wärme und körperliche Nähe. Es macht sich bemerkbar durch das Schreien. Im Idealfall erfolgt die Erfüllung der Bedürfnisse und langsam wird es mit der Zeit sicherer. Alles ist gut, seine Bedürfnisse werden erfüllt. Langsam entdeckt es seine Umwelt und ist in seiner Größe sehr verloren. Auch hier lernt es von seinen Bezugspersonen, was Sicherheit bedeutet, wie man sich zurechtfindet und dass es etwas Natürliches ist, geborgen zu sein. Das nennt man Co-Regulation. Das Leben kann nun erforscht werden, der Radius wird größer und irgendwann wurde umfassend die grundlegende Erfahrung von Sicherheit gemacht und diese ist in seinem neuronalen Netzwerk verankert. Alle anderen Schritte, wie soziale Bedürfnisse, Bedürfnisse nach Wertschätzung bis hin zur Selbstverwirklichung können nun erfolgen.

Kinder lernen also durch ihre Bezugspersonen, wie sie aus einer stressigen, „lebensbedrohenden" Situation herauskommen und lernen durch Selbstregulation wie Vertrauen in sich und die Umwelt entsteht. Das autonome Nervensystem kann nun in verschiedenen Situationen hoch ins obere Stress Fenster kommen, aber kann sich auch wieder entspannen. Es gibt ein großes Stresstoleranzfenster (siehe Erklärung Stresstoleranzfenster). Alles ist gut.

Werden grundlegende Bedürfnisse nach Geborgenheit und Verlässlichkeit in der Kindheit durch traumatische Erlebnisse nicht ausreichend erfüllt, wird aus dieser Unsicherheit eine tief verwurzelte Angst, die das ganze Leben prägen kann. Weitere Entwicklungsschritte, wie das Knüpfen sozialer Kontakte, das Bedürfnis nach Wertschätzung oder die Entfaltung der eigenen Persönlichkeit, werden dadurch erschwert. Denn im Innersten bleibt das Streben nach Schutz und Vertrauen weiterhin bestimmend.

Es fehlen neuronale Verbindungen, die ein Gefühl von Geborgenheit und innerer Ruhe ermöglichen. Entspannung ist kaum spürbar. Das autonome Nervensystem bleibt im Alarmzustand und verankert diese Muster immer tiefer, indem es fortlaufend neue neuronale Bahnen anlegt. So entsteht eine Art „Gefahren-Autobahn" im Gehirn, die ständig auf mögliche Bedrohungen achtet und Unsicherheit signalisiert.

Das gesamte Nervensystem wird darauf spezialisiert, die Umgebung permanent zu überprüfen, Schutzmechanismen zu aktivieren und potenzielle Risiken herauszufiltern. Das Leben verwandelt sich in einen dauerhaften Überlebenskampf. Die ständige Erwartung, dass etwas Schlimmes passieren könnte, wird zur Normalität – ein Gefühl von innerer Geborgenheit bleibt aus.

Im Extremfall kann dies dazu führen, dass ein Mensch nicht mehr eigenständig leben oder ein freies, selbstbestimmtes Leben führen kann, weil Angst und Unsicherheit zu ständigen Begleitern werden. Oft entwickelt sich dann eine Kompensationsstrategie als scheinbare Rettung: Überlebensmechanismen wie Kontrolle, Perfektionismus, ständiges Funktionieren, Leistungsdruck, Ablenkung, Verdrängung oder Sucht helfen, mit dem Grundzustand des Nervensystems umzugehen und den Alltag zu bewältigen.

Angst (Überlebensangst, also die gefühlte Angst zu sterben) wird zum Teil des Alltags. Zum Glück gibt es Kompensationsmöglichkeiten, die im

Laufe der Zeit dafür sorgen, trotzdem ein Leben zu kreieren, was funktioniert.

Ob nun Sicherheit nie erlernt wurde oder durch ein Ereignis verloren gegangen ist: das Gefühl von Sicherheit ist Elementar, um ein Leben führen zu können, was sich nicht nur im Überlebensmodus befindet.

„Ich will meine Macht zurück“ sagte eine Klientin, als sie erkannte, dass sie das Gefühl von Sicherheit in sich selbst nicht kannte. Sie suchte es stets im Außen, den Dingen, den Menschen, den Orten. Sich in sich selbst sicher zu fühlen, kennen viele Menschen mit Trauma-Folgen nicht.

„Hol Dir Deine Macht zurück!“

,,Ich habe Angst zu vergessen, dass ich mich einmal so gefühlt habe wie jetzt. Nicht, weil es besonders schön ist, nein, sondern damit ich weiß, dass es auch Zeiten gab, in denen ich verloren war, und ich an dem Tag, an dem ich mich wieder finde, dies auch wirklich zu schätzen weiß." (clara louise)

Beispiele zur Entstehung eines dysregulierten Nervensystems

Marias Geschichte ist eine tragische Erzählung über Verlust, die daraus entstehenden Bindungs- und Entwicklungstraumata und die resultierende Suche nach Sicherheit.

Marias frühe Kindheit

- Marias Mutter erfährt während der Schwangerschaft, dass sie bald nach der Geburt sterben wird.
- Der Vater lehnt das Kind ab.
- Die Familie der Mutter ist überfordert, entscheidet sich aber, Maria aufzunehmen.
- Mit 7 Monaten stirbt Marias Mutter und Maria kommt zu Verwandten.

Auswirkungen auf Maria

- Maria erlebt schon mit Beginn der Schwangerschaft durch ihre Mutter Unsicherheit und Angst, durch den Tod einen schweren Bindungsabbruch.
- Sie entwickelt starke Verlustängste und Schwierigkeiten beim Einschlafen.
- Die neuen Bezugspersonen sind überfordert und können Maria nicht die nötige Sicherheit geben (Bindungstrauma wird aufrechterhalten).

- Maria wird zu einem ängstlichen, zurückgezogenen Kind. (Entwicklungstrauma)

Marias Entwicklung

- Mit 16 Jahren ändert sich Marias Verhalten drastisch.
- Sie wird stark, selbständig und lässt sich nichts gefallen (Kompensationsstrategien, die das Überleben fördern und Ängste verdrängen).
- Diese neue Haltung hilft ihr, ein erfolgreiches Leben aufzubauen.

Beziehung und scheinbare Sicherheit

- Maria lernt einen Mann kennen, der ihr Halt und Sicherheit zu geben scheint.
- Sie wird abhängig von dieser äußeren Sicherheit, ohne innere Sicherheit zu entwickeln.
- Trotz scheinbarer Stabilität bleibt Maria innerlich unsicher und ängstlich. Im Außen wirkt sie stark und autark.

Herausforderung als Mutter

- Mit eigenen Kindern verstärken sich Marias Ängste und ihr Kontrollbedürfnis. Die Kompensationsstrategien müssen immer mehr arbeiten.

- Sie möchte ihren Kindern Sicherheit geben, die sie selbst nie erfahren hat. Die Kinder spiegeln ihr eigene Bedürftigkeit, die sie damals hatte.
- Ihr Nervensystem bleibt im Überlebensmodus, trotz äußerer Sicherheit.

Zusammenbruch und Neuanfang

- Der Mann verlässt Maria unerwartet, ihre Welt bricht zusammen. Die äußere Sicherheit ist weg. Die Erschütterung ist so groß, dass ihre alten Strategien immer weniger wirken und der alte Schmerz immer sichtbarer werden.
- Sie erkennt, dass ihre Kompensationsstrategien der Kontrolle, des Perfektionismus etc. gescheitert sind. Maria steht vor der Aufgabe, echte innere Sicherheit für sich und ihre Kinder zu entwickeln. Unsere Arbeit begann!

Diese Geschichte zeigt, wie frühe Traumata und fehlende Bindungserfahrung das gesamte Leben beeinflussen können und wie wichtig es ist, innere Sicherheit zu entwickeln.

Eine weitere Geschichte zur Entstehung eine dysregulierten Nervensystems und die Auswirklungen in der Kindheit:

Lars´ Geschichte zeigt, wie frühe Erfahrungen und Bindungsabbrüche das Nervensystem eines Kindes beeinflussen können, aber auch, wie liebevolle und verständnisvolle Bezugspersonen helfen können, diese Herausforderungen zu bewältigen.

<u>Frühe Prägung und Bindungsabbruch</u>

Lars erlebte bereits im Mutterleib Stress und Angst, was sein Nervensystem von Beginn an beeinflusste.

Der Bindungsabbruch von der leiblichen Mutter nach der Geburt durch die Abgabe zur Adoption verstärkte seine Überlebensängste, was sich in seinem Verhalten bei den Adoptionseltern zeigte.

<u>Auswirkungen auf das Verhalten</u>

- Starke Ängstlichkeit
- Suche nach ständiger Nähe und körperlichem Kontakt
- Mangelndes Explorationsverhalten
- Fehlende Interaktion mit Gleichaltrigen

Diese Verhaltensweisen sind typische Anzeichen eines Entwicklungstraumas und einer Dysregulation des Nervensystems.

Rolle der Adoptiveltern

Die Adoptiveltern von Lars zeigten Verständnis für seine Ängste und boten ihm die nötige Sicherheit und Nähe. Ihre Fähigkeiten, seine emotionalen Bedürfnisse zu erkennen und darauf einzugehen, war entscheidend für Lars positive Entwicklung.

Verzögerte Entwicklungsphasen

Lars verspätete „Trotzphase“ und Ablösung im Teenageralter zeigt, wie Kinder mit frühen Traumata Entwicklungsphasen nachholen können, wenn sie in einer sicheren Umgebung aufwachsen.

Positive Entwicklung

Durch die konstante Unterstützung seiner Adoptiveltern konnte Lars schließlich:

- Vertrauen in sich selbst und andere entwickeln
- Seine Ängste überwinden
- Soziale Beziehungen aufbauen
- Selbständigkeit entwickeln

Lars Geschichte verdeutlicht, dass es trotz früher traumatischer Erfahrungen eine positive Entwicklung möglich ist, wenn Kinder in einem sicheren, verständnisvollen Umfeld aufwachsen und ihre emotionalen Bedürfnisse erfüllt werden. Es gelang ihm, sein Bindungstrauma und Entwicklungstrauma durch das erlernte Gefühl von

Sicherheit in sich selbst zu integrieren und ist heute ein selbstbewusster, offener junger Mann.

„Die Heilung von Trauma ist eine tiefgreifende Reise zu persönlichem Wachstum. Während wir heilen, öffnen wir unsere Herzen, kultivieren Mitgefühl und schaffen tiefere, bedeutungsvollere Beziehungen.“

Das Konzept der Sicherheit – Wie wir uns geborgen fühlen

Sicherheit ist ein tiefes, vielschichtiges Gefühl, das weit über das bloße Fehlen von Gefahr hinausgeht. Sie entsteht aus dem Zusammenspiel verschiedener Wahrnehmungsebenen und ist die Grundlage für Wohlbefinden, Wachstum und Heilung.

Die Ebenen der Wahrnehmung

Äußere Wahrnehmung (Exterozeption):
Unsere Sinne nehmen ständig Eindrücke aus der Umgebung auf – das Licht im Raum, Stimmen, Gerüche, Berührungen, Geräusche oder Geschmäcker. Diese äußeren Sinnesreize geben uns Orientierung und helfen uns einzuschätzen, ob wir uns in einer sicheren Umgebung befinden.

Innere Wahrnehmung (Interozeption):
Ebenso wichtig ist das, was wir in unserem Inneren spüren: Körperempfindungen, Herzschlag, Atmung, Emotionen, das Gefühl von Hunger, Durst oder innerer Unruhe. Diese innere Wahrnehmung signalisiert uns, wie es uns gerade geht und ob wir uns sicher fühlen.

Erst das Zusammenspiel von äußerer und innerer Wahrnehmung ermöglicht ein stabiles Gefühl von Sicherheit. Wenn beide Ebenen im Gleichgewicht sind, fühlen wir uns geborgen, präsent und handlungsfähig.

Was passiert bei Trauma?

Ein Trauma erschüttert dieses Gleichgewicht zutiefst. Plötzlich geht das Gefühl von Kontrolle verloren – und damit auch die Sicherheit. Angst macht sich breit, der Blick verengt sich, und unser gesamtes System wird darauf ausgerichtet, potenzielle Gefahren zu erkennen und zu vermeiden. Wir versuchen, Kontrolle zurückzugewinnen – über unsere Umgebung, unseren Körper und unsere Reaktionen.

Dieses Streben nach Kontrolle ist ein verständlicher Versuch, das verlorene Sicherheitsgefühl wiederherzustellen. Es ist ein Ausdruck von Selbstschutz und Selbstwirksamkeit – und zugleich eine große Herausforderung, denn absolute Kontrolle ist im Leben nicht möglich.

Kompensationsstrategien – Der Versuch, Sicherheit zurückzugewinnen

Um das Gefühl von Sicherheit wiederherzustellen, entwickeln viele Menschen nach traumatischen Erfahrungen bestimmte Verhaltensweisen. Diese Strategien sind oft kurzfristig hilfreich, können aber auf Dauer die Lebensqualität einschränken:

- **Fawn-Response:** Überangepasstes, unterwürfiges Verhalten, um Konflikte zu vermeiden und Sicherheit durch Harmonie zu gewinnen.

- **Übermäßige Wachsamkeit:** Ständiges „Scannen“ der Umgebung und der Menschen, um Gefahren frühzeitig zu erkennen.

- **Unsichtbar machen:** Sich zurückziehen oder möglichst wenig Aufmerksamkeit erregen, um nicht ins Visier von Kritik oder Ablehnung zu geraten.

- **Perfektionismus:** Der Versuch, durch Fehlervermeidung Kontrolle und Sicherheit zu schaffen.

- **Extreme Vermeidung:** Situationen, Orte oder Menschen werden gemieden, um jegliches Risiko auszuschließen.

All diese Strategien dienen letztlich dem Wunsch, Kontrolle über das eigene Leben und die Reaktionen anderer zu gewinnen und sich so wieder sicher zu fühlen.

Der Weg zurück zu echter Sicherheit

Es ist wichtig zu verstehen, dass diese Verhaltensweisen ursprünglich dem Schutz dienen. Sie sind kreative Überlebensstrategien unseres Systems. Doch auf lange Sicht können sie uns einengen und den Kontakt zu uns selbst und anderen erschweren.

Heilung beginnt, wenn wir lernen, unser Bedürfnis nach Sicherheit liebevoll anzuerkennen und neue Wege zu finden, dieses Grundgefühl wiederzuentdecken – nicht durch Kontrolle, sondern durch echte Verbundenheit mit uns selbst, unserem Körper und unserer Umgebung. So entsteht allmählich ein neues, tragfähiges Fundament von Sicherheit, das uns Freiheit, Lebendigkeit und Vertrauen ins Leben zurückgibt.

Wie Sicherheit verloren geht und die Kompensationsstrategie vermeintlich helfen will

<u>Der cholerische Vater</u>

Anna wächst in einem gut behüteten, liebevollen Haushalt auf. Der Vater von Anna war zwar liebevoll mit ihr im Umgang, aber er wurde regelmäßig cholerisch, wenn ihn etwas überforderte. Dies zeigte sich durch lautes Schreien und geschah innerhalb von Sekunden. Geschlagen wurde Anna nie. Aber Anna erlebte Angst und Unsicherheit. Der eigentlich liebe Vater wurde ganz plötzlich als gefährlich von Anna wahrgenommen und das in ganz unterschiedlichen Situationen.

Da Anna nie wusste, wann ihr Vater überfordert war und cholerisch wurde und diese Anfälle aber große Angst auslösen, bei denen sie allein gelassen wurde und nicht co-reguliert durch eine Bezugsperson wurde, fing Anna an ihre fehlende Sicherheit zurück zu holen, indem sie versuchte zu kontrollieren. Das sah so aus, dass sie anfing, die Stimmung des Vaters zu beobachten, genau hin zu hören und wahrzunehmen und durch ihr Verhalten vielleicht dazu beizutragen, dass sie die Stimmung des Vaters beeinflussen konnte. Sie wurde zu einem angepassten, lieben, aufmerksamen Mädchen. Versuchte in schwierigen Situationen zu intervenieren, indem sie unterwürfig wurde oder beschwichtigte.

Es gibt also immer einen guten Grund hinter der Kompensationsstrategie. In ihrem späteren Leben bekommt Anna oft die Rückmeldung, dass sie kontrolliert und überangepasst ist und ihr Umfeld das als negativ wahrnimmt. Die Frage, die sich Anna mit ihrer traumasensiblen Beratung o.ä. fragen könnte:

- Warum kontrolliert Anna?
- Was ist das Ziel, was sie mit dieser Kontrolle erreichen möchte?
- Was ist der gute Grund?
- Und kann Anna das, was sie kontrollieren möchte, denn eigentlich wirklich kontrollieren?

Diese Frage ist dann der Punkt der Wahrheit. Denn: Das Außen ist oft nicht zu kontrollieren. Das einzige, was ich kontrollieren kann, ist mein Verhalten, das, was ich sage und tue und dafür zu sorgen, dass es mir gut geht, ich mich gut schütze und ein grundlegendes Gefühl von Sicherheit in mir selbst aufbaue.

Wenn also jemand, der durch eine traumatische Erfahrung Kontrollverlust erfahren hat und nun Kontrollieren möchte, aber immer wieder die Erfahrung macht, dass dies nicht funktioniert, erlebt er in seiner Welt immer wieder eine Re-traumatisierung. Denn er verliert in seiner Welt immer wieder Kontrollverlust.

In der Beratung geht es jetzt darum, ganz sensibel und in kleinen Schritten zu überlegen: was kann ich kontrollieren und was kann ich nicht kontrollieren?

Beispiel:

- Meine Gesundheit kann ich durch mein Verhalten verbessern. Kontrolle über das, was mir körperlich zustößt, habe ich aber nicht.
- Ich kann Situationen mit Menschen verlassen, ihre Gedanken kann ich nicht kontrollieren.
- Ich kann selbst mit mir wertschätzend umgehen und freundlich zu mir sein, ob das andere mir gegenüber machen, kann ich nicht kontrollieren.
- Ich kann an mir arbeiten, um wieder einen Wert in mir zu entdecken und diesen als Seismograph dann nutzen, um Grenzen zu ziehen. Anstatt ständig zu kontrollieren, dass mir Menschen nicht zu nahe kommen etc.

Beziehung

Durch gesunde Beziehungen zu den Bezugspersonen in der Kindheit, erlernt der Mensch seinen Selbstwert. Die Bezugspersonen reflektieren dem Kind durch den achtsamen Umgang mit den kindlichen Bedürfnissen seinen Wert. Die Bezugspersonen regulieren das Kind in der Erfahrung der unterschiedlichen Gefühle. Die Erfahrung bringt Sicherheit in den eigenen Wert und ins Leben insgesamt.

„Ich bin es wert, geliebt zu werden, umsorgt zu werden, gut behandelt zu werden und ich habe gelernt mich zu regulieren etc."

Als Kind sind wir abhängig von den Bezugspersonen, körperlich und emotional. Wenn wir in einem gesunden Umfeld groß werden, merken wir diese Abhängigkeit allerdings nicht.

Wir merken die Abhängigkeit als Kind nur, wenn uns etwas fehlt, wir etwas brauchen und es nicht bekommen. Nun kommen wir in Not. Und fangen an, eine Strategie zu entwickeln, die es ermöglicht, das zu bekommen, was es so dringend zum Überleben benötigt. Hierbei geht es nicht nur um die Erfüllung der Grundbedürfnisse, sondern auch um das Gefühl der Sicherheit. Instinktiv weiß unser Stammhirn: wenn wir aus dem Bindungssystem (Familie) herausfallen, nicht mehr dazu gehören, sterben wir.

Ein uraltes Erinnern an Zeiten, in denen es tatsächlich auch so war.

Also welche Strategien stehen dem Kind zur Verfügung:

- Es kann besonders nett und angepasst sein und dann die Erfahrung machen, dass es gemocht wird.

- Es kann seine Bedürfnisse bis auf ein Minimum reduzieren, damit es nicht „zu viel" ist und im System bleiben darf.
- Es kann aber auch in den Kampf ziehen, rebellisch werden, einen Panzer anlegen, um das zu bekommen was es braucht oder um den Schmerz der Ablehnung nicht zu sehr zu spüren oder den Schmerz der Ablehnung, Strafe o.ä. vorweg zu nehmen. Nichts mehr zu erwarten, dann gibt es auch keine Enttäuschung. Nach dem Motto: Wenn mich alle nicht mögen und ablehnen etc. dann kann ich mich darauf einstellen.

Menschen aus dysfunktionalen Familien, die unbemerkt unter Bindungstrauma leiden, sind oft „süchtig" nach dem Drama ihrer Vergangenheit. Mit dem hohen Stress kennen sie sich gut aus, das ist ihre Grundeinstellung im Nervensystem und dieser chemische Cocktail ist ihnen vertraut. Begegnen diese Menschen nun sicheren Beziehungen, sind diese hingegen furchteinflößend und ein unsicheres Feld. Menschen mit Bindungstrauma müssen also zuerst einmal lernen, es quasi auszuhalten, eine gesunde Beziehung zu haben, es sich durch einen gesunden Selbstwert erlauben, in einer erfüllenden Beziehung zu sein. Sie dürfen lernen, wie andere Menschen ihnen helfen können, sich zu regulieren und lernen, dass Vertrauen in andere Menschen eine neue Lebensqualität und somit Sicherheit gibt.

Durch eine traumasensible Begleitung kann hier oft einfühlsam eine neue Erfahrung von sicherer Beziehung im Rahmen der Begleitung gemacht werden. Wir haben jederzeit die Möglichkeit, egal in welchem

Umfeld, ob privat oder beruflich, Menschen eine neue Erfahrung von Beziehung mitzugeben. In dem wir respektvoll, behutsam und zuverlässig in Beziehung gehen und wir somit beitragen können, neue neuronale Verbindungen herzustellen.

„Wenn das, was wir sagen, wirklich widerspiegelt, was wir fühlen, erreichen wir einen Zustand von Authentizität und Verletzlichkeit. Diese Harmonie hebt nicht nur unsere Gespräche auf ein neues Level, sondern bringt die Möglichkeit der Verbundenheit."

Aufbau von Sicherheit durch neue körperliche Erfahrungen und Wahrnehmungen

Selbstregulation und Ressourcenarbeit

Wie gelingt es solch tiefe Gefühlszustände wie Wut, Hoffnungslosigkeit, Ohnmacht, Kontrollverlust, Ängste, Betäubung, Verzweiflung uvm. zu fühlen, ohne davon überwältigt zu werden?

Wir müssen die Erfahrung von Selbstregulation machen. Schließlich fehlt es uns an Regulation, wenn wir im Stresstoleranzfenster in der Überreaktion bleiben. Schaffen wir es in der Überreaktion uns selbst oder mit der Hilfe anderer uns zu regulieren, kann es uns gelingen, wieder in die Balance zu kommen. In der Kindheit ist das die beruhigende Bezugsperson oder ein Kuscheltier oder der Schnuller, der uns hilft zu lernen, uns zu beruhigen.

Anzeichen fehlender Selbstregulation

Wenn unser Nervensystem aus dem Gleichgewicht gerät, macht sich das auf vielen Ebenen bemerkbar. Die Fähigkeit zur Selbstregulation – also die Kunst, sich selbst wieder in einen Zustand von Ruhe, Klarheit und innerer Balance zu bringen – ist dann beeinträchtigt. Die folgenden Anzeichen können darauf hindeuten, dass die Selbstregulation gestört ist:

Emotionale Instabilität:

- Gereiztheit und Ungeduld tauchen schnell auf
- Alltägliche Situationen lösen übermäßige emotionale Reaktionen aus
- Eine erhöhte Sensibilität gegenüber Gefühlen ist spürbar

Kognitive Schwierigkeiten:

- Schwarz-Weiß-Denken bestimmt das Denken
- Grübeln und Gedankenkreisen nehmen überhand
- Konzentrationsprobleme und Unsicherheiten bei Entscheidungen treten auf

Körperliche Symptome:

- Schlafprobleme oder Schlaflosigkeit
- Chronische Müdigkeit und Erschöpfung
- Verspannungen, Schmerzen und Verdauungsbeschwerden, besonders bei Stress
- Herzrasen, Atemnot oder Schwitzen ohne offensichtlichen Grund

Verhaltensmuster:

- Impulsives Handeln oder Widerstand gegen andere Meinungen
- Rückzug aus sozialen Kontakten, Aufgabe von Hobbys
- Überdrehtheit oder Aggressivität
- Übermäßige Anpassung und das Zurückstellen eigener Bedürfnisse

Emotionale Wahrnehmung:

- Schwierigkeiten, die eigenen Gefühle wahrzunehmen oder zu benennen
- Ein anhaltendes Gefühl von Überforderung
- Permanente innere Unruhe oder Angstzustände

Körperwahrnehmung:

- Das Gefühl, den eigenen Körper nicht mehr richtig zu spüren oder von ihm abgetrennt zu sein

All diese Anzeichen deuten auf eine Dysregulation des Nervensystems hin. Sie sind Signale, die uns darauf aufmerksam machen, dass unser

System Unterstützung und neue Wege zur Regulation braucht. Es braucht das Gefühl von Sicherheit

Was sind eigentlich Ressourcen?

Ressourcen sind all die Dinge, die uns helfen, wieder in die Selbstregulation zu finden – und das auf gesunde Weise, ohne schädliche Nebenwirkungen. Sie sind wie kleine Anker, die uns Halt geben, wenn das Leben stürmisch wird. Wichtig ist: Alles, was uns langfristig schadet oder abhängig macht, wie Suchtmittel oder exzessiver Medienkonsum, zählt nicht dazu. Echte Ressourcen helfen uns, mit dem umzugehen, was ist, und schenken unserem Nervensystem Sicherheit und Stabilität.

Der Schlüssel liegt darin, dem eigenen System das Gefühl von Sicherheit zu geben, sodass es sich von selbst regulieren kann. „Ich bin in der Lage, mich selbst zu regulieren“ – dieses Bewusstsein gibt uns Selbstwirksamkeit zurück und durchbricht das lähmende Gefühl von Ohnmacht, das viele Menschen nach traumatischen Erfahrungen kennen.

Welche Ressourcen gibt es?

Innere Ressourcen sind all das, was wir in unserem Inneren entdecken und nutzen können:

- Persönliche Erfahrungen und Erinnerungen:
  Positive Erlebnisse, bewältigte Herausforderungen

- Innere Haltungen und Überzeugungen: Werte, Spiritualität, Selbstvertrauen

- Körperliche und mentale Zustände:
  Entspannungsfähigkeit, Körperwahrnehmung

- Interessen und Neigungen:
  Hobbys, Naturverbundenheit

- Persönliche Stärken und Fähigkeiten:
  Empathie, Kreativität, Humor, Beziehungsfähigkeit

- Emotionale und kognitive Kompetenzen:
  Abgrenzungsfähigkeit, Realitätssinn, Selbstreflexion, emotionale Intelligenz

Äußere Ressourcen sind all das, was wir im Außen finden und als stärkend erleben:

- Soziale Ressourcen:
  Familie, Freunde, Haustiere, unterstützende Menschen, Gruppen

- Materielle Ressourcen:
  Ein sicherer Arbeitsplatz, eine eigene Wohnung, Zugang zu medizinischer Versorgung

- Orte und Aktivitäten:
  Natur, Wohlfühlorte, Hobbys

- Sinnliche und emotionale Ressourcen:
  Musik, Düfte, vertraute Geräusche, eine warme Decke

- Institutionelle Ressourcen:
  Bildungsangebote, kulturelle Veranstaltungen, soziale Netzwerke

Die Vielfalt der Ressourcen ist so individuell wie jeder Mensch selbst. Wer seine eigenen Ressourcen kennt, kann sie gezielt einsetzen, sich ihnen bewusst und regelmäßig zuwenden, um Wohlbefinden, Stabilität und Selbstregulation zu fördern.

Ressourcen in der traumasensiblen Begleitung

In der traumasensiblen Begleitung geht es darum, diese Ressourcen zu entdecken, sie zugänglich zu machen und ihre Wirkung wirklich zu spüren. Es reicht nicht, Ressourcen nur zu benennen – sie wollen mit allen Sinnen erlebt werden: als Körperempfindung, inneres Bild, Gefühl oder Gedanke. Das Ziel ist, einen positiven Zugang zu sich selbst zu finden und die Ressourcen so zu verinnerlichen, dass sie im Alltag jederzeit abrufbar sind.

Oft schlummern viele Ressourcen bereits in uns, ohne dass wir sie bewusst wahrnehmen. In der Begleitung helfen wir, diese Schätze zu heben und neue Ressourcen zu entwickeln. Es gibt heute zahlreiche Übungen, die auf körperlicher Ebene das Nervensystem stärken und regulieren können.

Beispiele für ressourcenstärkende Übungen:

- Sanfte Körperübungen wie Somatic Experiencing
- Atemübungen
- Traumasensible Meditationen
- Übungen zur Aktivierung des Vagusnervs
- TRE (Trauma Releasing Exercises)
- u.v.a.praktische Anleitungen zur Stärkung aus Übungsbüchern oder Online-Videos

All diese Übungen unterstützen dabei, das innere Gleichgewicht zu stärken, sich selbst zu spüren und das eigene Nervensystem besser kennenzulernen. Sie helfen auch in stürmischen Zeiten, die eigene Mitte wiederzufinden und Schritt für Schritt mehr Selbstregulation und Lebensfreude zu entwickeln.

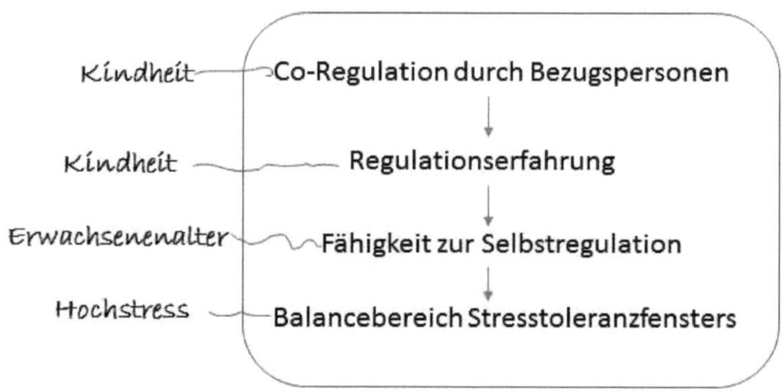

Bild: Selbstregulation

Selbstregulationsübungen und die Arbeit mit Ressourcen sollen dazu führen, dass man in den Balance-Bereich innerhalb des Stresstoleranzfensters kommt. Dies merkt man daran, dass man sich verbunden fühlt, seinen Körper spürt und das Gefühl von Hier und Jetzt empfinden kann. Das gute Gefühl der Übung kann ein Stück weit in den Alltag mitgenommen werden. Hier zeigt sich der Unterschied zur Kompensationsstrategie. Diese verhindert zwar intensive Gefühle, aber der dysregulierte Zustand kommt im Anschluss in der gleichen oder ähnlichen Art auch wieder zurück.

Abschließend:

Wenn ich in der Lage bin, mich selbst zu regulieren oder mich mit Hilfe innerer und äußerer Ressourcen regulieren zu lassen, kann ich das Gefühl von Ohnmacht und Unsicherheit überwinden. Wenn ich in der Lage bin, den Zustand meines Nervensystems zu erkennen, kann ich Verständnis für mich selbst aufbringen und Einfluss auf eine Veränderung nehmen. Dadurch erlebe ich ebenso Selbstwirksamkeit und somit wieder Sicherheit in mir selbst.

Unterstützung der dysfunktionalen Glaubenssysteme durch die Arbeit mit inneren Anteilen

Veränderung alter Glaubenssysteme zum Erhalt von neuen Erkenntnissen auf mentaler und körperlicher Ebene.

Da wir mit der Selbstregulation und den Ressourcen vor allem auf Körperebene wirken, können wir durch das Betrachten von dysfunktionalen Glaubenssystemen unserem Verstand neue Informationen geben. Alle Denkmuster entspringen einer neuronalen Verknüpfung in unserem Gehirn. Je länger wir einem immer gleichen Gedankengang folgen, umso fester sind diese Verknüpfungen. Da die Wissenschaft nun aber mittlerweile nachgewiesen hat, dass unser Gehirn ein Genie ist und es sich bis ins hohe Alter entwickeln kann (Neuroplastizität), ist es auch möglich, neue Glaubenssysteme aufzubauen und zu vernetzen.

Wie kann es nun gelingen, diese festgefahrenen Glaubenssysteme zu erneuern? Auch hier ist es wichtig, dass dies ein Prozess ist, der Übung benötigt. So wie wir Vokabeln mehrmals wiederholen müssen und auch danach regelmäßig anwenden müssen, so ist es auch mit dem Etablieren von neuen Glaubenssystemen. Hinzu kommt, dass diese Systeme meist unter Hochstress entstanden sind und dem Überleben dienen. Diese Systeme haben also einen guten Grund da zu sein und sind deshalb besonders hartnäckig. Deshalb ist es oft sinnvoll nicht damit anzufangen, diese zu beseitigen, sondern eher diese zu würdigen und parallel neue Glaubenssysteme aufzubauen und zu etablieren. Damit die alten Glaubenssysteme ganz langsam in den Hintergrund treten dürfen. Auch hier gilt es dazu beizutragen, neue Erfahrungen zu machen und neue Gedanken zu denken. Wie in *Puzzle unserer Seele S. 23* beschrieben, bestehen wir aus ganz unterschiedlichen Anteilen, die unsere Persönlichkeit ausmachen. Diese Anteile beeinflussen unsere Denkmuster und Verhaltensmuster. An dieser Stelle greift es zu weit, diese Arbeit in ihrer ganzen Fülle darzustellen. Aber ich möchte alle Leser*innen dazu motivieren, sich über diese wertvolle Arbeit näher in Büchern etc. zu informieren. Da sie eine grundlegende Erleichterung in der Beratung oder im Umgang mit Menschen bringt.

<u>Abschließend:</u>

Wenn ich meine Glaubenssysteme kennenlernen, mich mit ihnen auseinandersetze und sie ggf. in Frage stelle, ermöglicht das eine ganz neue Sichtweise auf Gegebenheiten.

Wenn ich neue Glaubenssysteme etabliere, kann ich neue Denkmuster und somit ein neues Empfinden etablieren.

Wenn ich mich mit meinen inneren Anteilen auseinandersetze und sie kennen lerne, weiß ich, dass ich ein Mensch mit ganz unterschiedlichen Facetten bin und Einfluss auf die Anteile nehmen, die mein jetziges Leben bestimmen.

Doch wie gelingt der Zusammenschluss von all dem, was wir bis jetzt erfahren haben? Wie gelingt der Zusammenschluss von Erkenntnissen und Einsichten, Empfindungen und Gefühle?

Dies gelingt durch Trauma-Integration.

„Nichts verschwindet nur, weil du es ignorierst. Selbst wenn du nicht hinsiehst, weißt du, es ist da, denn du kannst die Luft in deinem Nacken spüren, da es dich stets verfolgt und je lauter du aufdrehst, desto lauter wird es in dir drin." (clara louise)

Trauma-Integration

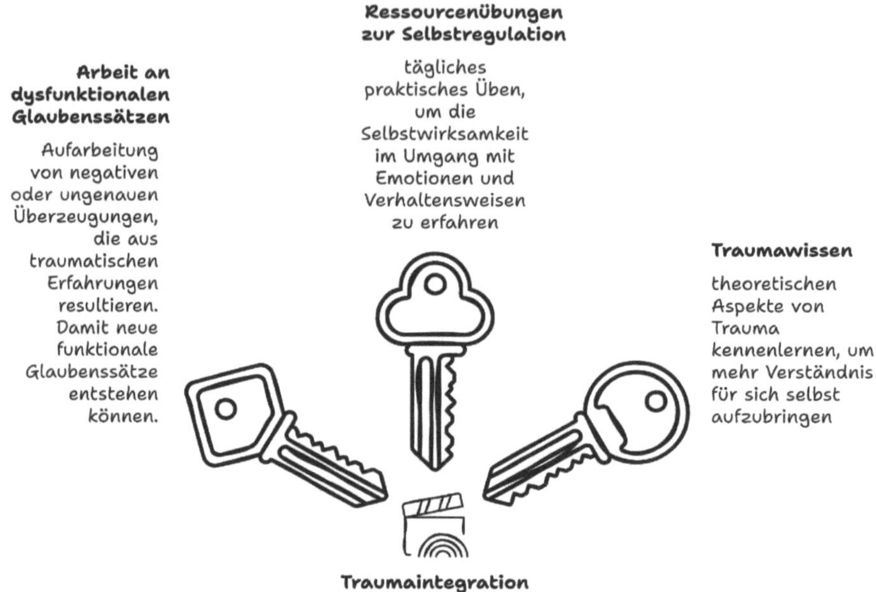

Bild: Zusammenhang Trauma-Integration

Trauma-Heilung ist immer ein Prozess. Die Grundlage kann heute recht einfach durch das Erlangen von Trauma-Wissen gelingen. In den letzten Jahren wurde der Zugang durch Bücher, Podcasts oder soziale Medien der breiten Gesellschaft ermöglicht. Durch die Polyvagal-Theorie ist es gelungen, mit einfacher Darstellung ein sehr komplexes Zusammenspiel zu erklären und Menschen, die sich für Trauma interessieren oder davon betroffen sind, eine Möglichkeit zu geben, innere Prozesse und Zusammenhänge zu verstehen. Viele meiner Klienten reagieren oft sehr schnell mit einer Erleichterung, wenn sie theoretische Erklärungen für ihr Inneres erhalten und merken, dass ihre Reaktionen und Empfindungen normal sind und durch diese Theorie zu erklären sind. Der erste Schritt zur Sicherheit. Außerdem findet man auf YouTube zahlreiche anschauliche Videos, die zeigen, wie man mit einfachen Übungen zur Selbstregulation beitragen kann. So kann sich jeder schnell und unkompliziert über Trauma und hilfreiche Techniken informieren.

Der Blick auf Ressourcen, das Erlernen von Selbstregulationsübungen bringt recht schnell die Erkenntnis der Selbstwirksamkeit. Die Erkundung des eigenen Nervensystems kann erlernt werden und es gibt somit die Möglichkeit, den eigenen körperlichen Zustand unter einem anderen Blickwinkel zu erfahren und Einfluss darauf zu haben. Allerdings braucht das Üben Routine und darf in den Alltag eingebaut werden, damit sie grundlegend wirken. Ein dysreguliertes Nervensystem auf Dauer zu verändern braucht Zeit und Ausdauer.

Im pädagogischen Alltag oder im Umgang mit traumatisierten Menschen gibt es zwei einfache Wege, um Unterstützung anzubieten:

1. **Aufbau von grundlegendem Trauma-Wissen und Selbstregulierung:**
   Menschen mit Trauma-Erfahrungen profitieren davon, wenn ihre Bezugspersonen über Grundwissen zu Trauma und einfache Techniken zur Selbstberuhigung verfügen oder darüber informieren können. Es ist relativ leicht, sich dieses Wissen anzueignen und

anzuwenden. Dadurch entsteht eine traumasensible Haltung und Begegnung. Einfache Interventionen bringen Sicherheit.

2. **Arbeit an Glaubenssätzen:**
   Etwas anspruchsvoller ist es, tief verwurzelte, oft negative Glaubenssätze zu verändern, die durch das Trauma entstanden sind. Dafür braucht es mehr Zeit, Geduld und Unterstützung. Es hilft zu wissen, dass hinter einem gestressten oder überforderten Nervensystem oft solche belastenden Überzeugungen stehen. Schon ein verständnisvoller Hinweis oder ein neuer Denkanstoß kann im Alltag hilfreich sein.

Im Coaching oder in der Therapie:
Wenn diese Begleitung im Rahmen eines Coachings oder einer Therapie stattfindet, kann der Veränderungsprozess beginnen, sobald die Grundlagen – also das Verständnis für Trauma und die Fähigkeit zur Selbstregulierung – gelegt sind. Erst dann wird es möglich, sich mit den stressauslösenden Glaubenssätzen auseinanderzusetzen und sie Schritt für Schritt zu verändern.

Trauma-Integration heißt für mich, dass der Mensch in der Lage ist, eine Beziehung nach innen und außen aufzubauen. Durch Integration von inneren Anteilen, der Akzeptanz von Verlusten aus der Vergangenheit und dem Gefühl der Selbstwirksamkeit, besteht die Möglichkeit Wertschätzung sich selbst gegenüber zu empfinden, dadurch fürsorglicher mit sich selbst umzugehen und sich somit das Zurückzuholen, was Verloren gegangen ist oder noch nie da gewesen war. Diese neue Beziehung zu sich selbst hilft dabei, Hindernisse zu verringern und sich auch im systemischen Umfeld neu zu finden.

Der Mensch auf seinem Heilungsweg lässt alte Anteile los, um neuen Platz zu finden. Er fängt an, Selbstfürsorge zu empfinden und will entsprechend behandelt werden. Neue Puzzlestücke werden sich anders zusammensetzen.

Die unterschiedlichen Anteile werden sich verändern, ruhiger oder lauter werden und darin unterstützen, die Empfindungen neu zu interpretieren und somit andere Emotionen zuzulassen. Der Mensch wird langsam ein anderer werden, mit all den Veränderungen, die dies mit sich bringen wird, aber vor allem den Vorteilen. Vielleicht sind alte Türen nun zu klein oder der alte Weg zu eng. Das Leben wird sich durch die Trauma-Integration ändern.

Dieser Prozess ist ein Weg. Diesen kann man sich oft wie eine Spirale vorstellen. Man denkt zwar, man dreht sich im Kreis, jedoch ist man eine Stufe weiter.

„Deine Heilung löst einen Welleneffekt aus und schwappt in einem „1 zu 100“ Verhältnis auf andere über. Wenn du dich heilst, hat das auf mindestens 100 weitere Menschen einen positiven Einfluss. Es geht um dich, aber nicht nur um dich. Danke für Deinen Weg.“ (Bahar Yilmaz)

Voraussetzungen des Beraters für eine gelingende traumasensible Begleitung

Trauma-Wissen

Je mehr die Person, die mit Menschen mit Trauma-Folgen in Kontakt ist, Wissen über Trauma hat, umso mehr Verständnis und innere Haltungen kann sie aufbringen, um diesen Menschen die so benötigte Sicherheit geben zu können. Durch Psychoeduktion gelingt es, Wissen vermitteln zu können und durch Erklärung die Situation, diese oft schon zu erleichtern. Zu wissen es ist völlig normal so ,,unnormal" zu reagieren, zu erklären wie sinnvoll es ist sich Überlebensstrategien anzueignen und den guten Grund erklären, das Nervensystem anhand der Polyvagal-Theorie zu erklären, bringt Vertrauen und ist der erste Schritt zur Erkenntnis der Selbstwirksamkeit. Hier möchte ich vor allem das Buch von Verena König „Bin ich traumatisiert", Bücher von Deb Dana oder von Bessel van der Kolk empfehlen, um sich erweitertes Grundwissen anzueignen.

Fokus auf Sicherheit

Alles, was meinem Gegenüber hilft, sich sicher zu fühlen, heilt. Um Sicherheit generieren zu können, hilft es nicht zu sagen: „Hier bist du sicher." Es muss auch eine Haltung und eigene Sicherheit vorhanden sein, um glaubwürdig sein zu können.

Eine Voraussetzung dafür ist ein eigenes sicheres, reguliertes Nervensystem.

Da mittlerweile bewiesen ist, dass ein dysfunktionales Nervensystem ansteckend ist und Auswirkungen auf die Umgebung hat. Forschungen zeigen, dass die Umgebung einen signifikanten Einfluss auf die Regulation des Nervensystems haben kann. Beispielsweise wurde festgestellt, dass ein einstündiger Spaziergang in der Natur die Aktivität der Amygdala, einer für die Stressverarbeitung wichtigen Hirnregion, reduzieren kann. Dies deutet darauf hin, dass das Umfeld nicht nur von einem dysregulierten Nervensystem beeinflusst wird, sondern auch umgekehrt einen regulierenden Einfluss haben kann.

Ein eigenes reguliertes Nervensystem hilft also, einen Ausgleich zu einem deregulierten herzustellen und somit meinen Gegenüber Sicherheit zu generieren.

Verlässlichkeit im Umgang mit der Person ist ebenso eine Säule zum Sicherheitsempfinden: tue ich das, was ich sage, halte ich Termine ein?

Eine wertschätzende Haltung auf Augenhöhe ermöglicht es meinem Gegenüber, sich in seiner sicheren Kraft zu erleben.

Es geht um eine empathische Haltung, die sich durch, folgende Merkmale auszeichnet:

- Aufmerksames Zuhören ohne vorschnelle Urteile.
- Feinfühligkeit für die Emotionen und nonverbalen Signale anderer, ohne mitzuleiden.
- Bereitschaft, die Perspektive des Gegenübers einzunehmen, ohne ihn in eine Opferhaltung zu drängen.

- Offenheit für die eigenen Emotionen und Selbstreflexion, um unterscheiden zu können, was gehört zu mir und was zum anderen.
- Fähigkeit, angemessen auf die Gefühle anderer zu reagieren.
- Sichere Räume, ich wähle eine Umgebung, die Sicherheit generiert und Möglichkeiten z. Bsp. zum Aufstehen, Bewegen und zur Selbstfürsorge ermöglicht.

Zugang zum eigenen Körperempfinden

Wie wir im Vorfeld erfahren haben, sind Selbstregulationsübungen und das Erleben von Ressourcen elementar wichtig, um das Nervensystem zu beeinflussen und Selbstwirksamkeit zu erleben. Dieser Schritt ist kein einfacher. Denn oft braucht es Zeit und Routine, um diese Übungen in den Alltag zu integrieren und die Wirksamkeit langfristig zu fühlen. Einfache kleine Übungen, wie das orientieren im Raum, wirken oft sofort. Aber damit langfristig das Nervensystem davon profitiert, muss es z.B. zu einem alltäglichen Werkzeug werden. Dafür braucht es von Seiten des Beraters oft Motivation und ständiges Erinnern an die täglichen Routinen. Dies gelingt nur, wenn der Berater selbst die Wirksamkeit der Übungen erfahren hat. Wenn ich als Berater keinen Zugang zu meinem Körperempfinden habe, ist es schwer zu vermitteln wie wirksam und heilsam das sein kann und auch eine Voraussetzung, um Zugang zu meinem Nervensystem und sein Empfinden zu haben, um dann schlussendlich auch dieses zu beruhigen bzw. zu verändern.

Wenn ich kein Bewusstsein für meinen Körper habe, wie will ich dann gut für ihn sorgen?

Die Fähigkeit eine gesunde Beziehungsebene aufbauen

Diese kann dann dazu beitragen, eine neue Erfahrung für den Menschen mit Trauma-Folge zu machen. Neue Gefühle erleben, neue Empfindungen wahrnehmen, neue Interpretationen machen, um mit neuen Emotionen ein neues Leben zu führen. Beziehung neu und gesund erleben. Vielleicht zum ersten Mal im Leben.

Traumasensible Begleitung:

„Ich sehe Dich“ – Deine Erfahrungen sind wichtig und verdienen es, gehört zu werden.

„Ich bin für Dich da“ – Gemeinsam schaffen wir einen sicheren Raum, in dem Heilung möglich ist.

„Ich glaube an Deine Stärke“ – Du hast die Kraft, durch schwierige Zeiten zu navigieren und neue Wege zu finden.

„Du darfst in Deinem eigenen Tempo heilen!”

Wie Heilung gelingen kann

Verbindung zu Dir selbst

Heilung beginnt dort, wo der Mensch sich mit sich selbst verbindet. Es geht darum, zu spüren, was im Inneren lebendig ist und den Raum zu schaffen, die innersten Gefühle zu erzeugen. Ohne Urteil, ohne Eile.

Sich bewusst werden: „Ich bin deshalb wütend, weil ich mich ohnmächtig fühle und das möchte ich nicht fühlen."

Durch eine traumasensible Begleitung kann durch Arbeit mit Körperempfindungen, dem Wahrnehmen von Ressourcen und dem Pendeln zwischen verschiedenen Wahrnehmungen die Verbindung zu sich selbst langsam gelernt werden.

Die Bereitschaft, hinzusehen

Zu fühlen, was man nicht fühlen durfte. Das Fühlen, was unter der Trauma-Energie liegt: „Ich fühle mich ohnmächtig, das macht mir Angst und fühlt sich schrecklich an. "Aber ich kann dieses Gefühl akzeptieren und weiß, warum es da ist." Den Schatten ansehen und ihm den Schrecken nehmen, ihn liebevoll annehmen, damit er nicht unterdrückt werden muss. Durch eine traumasensible Begleitung können diese Gefühle im sicheren Raum und mit Regulationsmöglichkeiten gefühlt werden. Dadurch entsteht zwar kein anderes Leben, aber ein anderes Erleben.

Loslassen alter Muster

Heilung fordert uns auf Gewohnheiten, Glaubenssätze und energetische Blockaden loszulassen. Damit neue liebevolle Muster für Denken, Fühlen und Handeln etabliert werden können. Dazu braucht es aber zuerst ein Annehmen und Wertschätzen dieser alten Muster, die oft dem Überleben dienen. Wenn es verständlich wird, warum diese alten Muster dienlich waren, können neue Muster entstehen. Durch eine traumasensible Beratung können diese Muster behutsam angeschaut werden, damit neue Wege parallel aufgebaut werden. Neue Gedanken kommen als Alternativen ins Denken, neue Gefühle werden wahrgenommen, ohne dass das alte verschwinden muss. Und durch dieses Gefühl der Wahl, verabschieden sich alte Muster oft „automatisch".

Akzeptieren was ist

Alles was ich loswerden möchte, muss ich zuerst einmal akzeptieren. Akzeptieren heißt Festhalten, Umarmen bis hin zur Wertschätzung. Den guten Grund darin finden. Viele Menschen mit Trauma-Folgesymptome kennen das Gefühl des ständigen Sorgens. Das Gedankenkarussell produziert immer neue Sorgen, Kummer und Zukunftsängste. Damit die Angst Nahrung bekommt. Wenn wir davon ausgehen, dass das autonome Nervensystem unter dem biochemischen Cocktail der Überlebensangst ist, braucht es auch die entsprechenden Geschichten dazu. Damit sich Körper und Gedanken in ,,Harmonie" befinden. Es sind also nicht unbedingt die Gedanken, die die Angstgefühle auslösen. Sondern ein autonomes Nervensystem ist auf Angst programmiert und braucht die entsprechenden Angstgeschichten. Wenn dieser Zusammenhang verstanden wird, ist schon ein erster Schritt zum guten Grund für die Sorgen, die Ängste gegeben und das Verhalten, die Gefühle und Empfindungen werden verständlich.

Dies ist ein Beispiel, warum wir in der Traumaberatung mit Psychoeduktion arbeiten müssen. Zusammenhänge müssen verstanden werden, damit der Kopf beruhigt wird und der erste Schritt zur Heilung geschehen kann: Anerkennen, was ist.

„Stelle Dir immer 3 Fragen":

WILL ich das?

will ich DAS?

will ICH das?

Merkmale einer gelungenen traumasensiblen Begleitung für die Betroffenen

Trauma-Wissen

Ein wachsendes Verständnis von Traumata und ihren Auswirkungen führt zu einem tieferen Verständnis des eigenen Verhaltens und der eigenen Reaktionen. Diese Selbsterkenntnis fördert eine zunehmend verständnisvolle und mitfühlende Haltung sich selbst gegenüber. Dadurch wird es möglich, sich selbst die emotionale Unterstützung und Fürsorge zu geben, die man in der Vergangenheit vielleicht entbehren musste oder die einem verwehrt wurde. Dieser Prozess der Selbstfürsorge und -heilung ermöglicht es, frühere Entbehrungen oder Verluste auszugleichen und eine gesündere Beziehung zu sich selbst aufzubauen.

Erkenntnis: „Ich verstehe nun was mit und in mir passiert und wie ich es ändern kann."

Begegnung mit den eigenen inneren Anteilen

Im Prozess der Bewältigung von Traumfolgestörungen entdeckt der Betroffene die Vielfalt seiner inneren Anteile. Durch das Kennenlernen und Verstehen dieser verschiedenen Facetten seiner Persönlichkeit entwickelt sich ein zunehmend verständnisvoller und wohlwollender Umgang mit sich selbst. Diese Selbsterkenntnis und -akzeptanz sind wichtige Schritte auf dem Weg zur Heilung und zu einem positiveren Selbstbild.

Erkenntnis: "Ich lerne mich immer besser kennen und weiß wer ich bin. Unabhängig von der Außenwelt."

Selbstregulation

Durch das Erlernen von Selbstregulationsübungen und das regelmäßige Üben der Integration dieser Übungen gelingt es zunehmend, die eigenen Körperreaktionen wahrzunehmen, die verschiedenen Zustände des eigenen Nervensystems zu beobachten und darauf Einfluss zu nehmen.

Erkenntnis: „In dem ich mich selbst immer besser in schwierigen Situationen regulieren kann, erlebe ich das Gefühl von Selbstwirksamkeit, baue eine Beziehung zu mir selbst auf und steige mein Selbstwertgefühl"

Ressourcen

Im Zuge der Traumabewältigung entdeckt der Betroffene eine Vielfalt an inneren Stärken und Fähigkeiten. Indem er diese Ressourcen aktiv nutzt und dabei körperliche Erfahrungen macht, entwickelt er ein neues Gefühl der Selbstwirksamkeit. Diese praktische Anwendung ermöglicht es dem traumatisierten Menschen, seine Handlungsfähigkeit wiederzuentdecken und zu stärken. Dadurch gewinnt er nicht nur an Vertrauen in die eigenen Fähigkeiten, sondern erlebt auch konkret, wie er positiv auf sein Leben und seine Umgebung einwirken kann. Dieser Prozess fördert die Resilienz und unterstützt den Heilungsweg, indem er das Selbstbild von einem hilflosen Opfer zu einem aktiven Gestalter des eigenen Lebens wandelt.

Erkenntnis: „Ich begegne immer mehr meinen gesunden Anteilen, kann mich besser selbst regulieren, fühle mich dadurch sicherer. Ich werde mir meiner selbst immer sicher sein."

Selbstwert

Eine traumasensible Begleitung eröffnet neue Wege zur Selbsterkenntnis und inneren Verbindung. In diesem behutsamen Prozess lernt der Betroffene, sich selbst besser zu verstehen und zu akzeptieren. Dadurch kann sich ein gesunder Selbstwert entwickeln oder, falls bereits vorhanden, weiter gestärkt werden. Diese achtsame Herangehensweise fördert ein tieferes Verständnis für die eigenen Erfahrungen, Gefühle und Reaktionen. So entsteht nach und nach ein klareres Bild der eigenen Persönlichkeit, was zu mehr Selbstakzeptanz und einem positiven Selbstbild führt. Dieser Weg der Selbstentdeckung und des Wachstums ermöglicht es dem Individuum, sich mit Mitgefühl und Wertschätzung zu begegnen.

Erkenntnis: „Ich bin in der Lage, für meine eigene Sicherheit zu sorgen. Es ist mir wichtig, eine gesunde Beziehung zu mir selbst zu haben. Deshalb achte ich auf einen guten Kontakt zu mir selbst".

Beziehung

Zwischenmenschliche Beziehungen sind ein fundamentaler Bestandteil des menschlichen Daseins, da wir von Natur aus soziale Wesen sind. Für Personen, die unter Trauma-Folgesymptome leiden, spielen diese Verbindungen eine besonders wichtige Rolle. Sie können als Brücke zur Co-Regulation dienen, einem Prozess, bei dem das Nervensystem durch positive Interaktionen mit anderen stabilisiert wird. Diese unterstützenden Beziehungen bieten einen sicheren Rahmen, in dem Betroffene lernen können, ihre Emotionen besser zu regulieren und ein Gefühl von Sicherheit und Geborgenheit zu entwickeln. Somit können heilsame zwischenmenschliche Kontakte maßgeblich zur Genesung und Wiederherstellung des inneren Gleichgewichts beitragen.

Erkenntnis: „Ich weiß jetzt, welche Beziehungen mir gut tun und in welche ich mich toxisch verstricke. Wo kann ich Grenzen setzen und wo muss ich Grenzen setzen".

Wenn ein Mensch seinen eigenen Wert empfindet:

- ★ wird er wissen, welche Beziehungen gut für ihn sind und welche er vermeiden sollte.
- ★ wird er Grenzen setzen, um seinen Wert zu beschützen.
- ★ wird er Verständnis und Fürsorge für sich selbst aufbringen.

Wenn Betroffene von Trauma-Folgesymptome lernen, wie sie Gefühle von Kontrollverlust und Ohnmacht neu interpretieren können, erleben sie wieder Selbstwirksamkeit. Dadurch ist es möglich:

- ★ auch ohne Kompensationsstrategien, Sicherheit zu empfinden.
- ★ für eine gesunde Verbundenheit zu sich selbst und zu anderen zu sorgen.
- ★ immer mehr in eine gesunde Selbstreflektion zu kommen, die im Hier und Jetzt stattfindet und nicht in der Vergangenheit.

Schluss

Heilung ist kein gerader Weg. Heilung ist ein Prozess, vielleicht sogar ein lebenslanger. Tägliches Auseinandersetzen, Bewusstwerden und an sich arbeiten kann sehr ermüdend und anstrengend sein.

Aber:

Heilen heißt, sein Leben in Balance zu bringen, damit man selbstbestimmt und mit Freude seinen eigenen Wert sehen kann und daraus sein eigenes Leben kreiert. Wenn man mit sich selbst im Frieden ist, kann auch ein Leben in Frieden gelingen und es wird möglich, glückliche Momente zu erfahren und Lebensfreude zu empfinden. Unabhängig von dem, was war. Vieles gehört zu diesem inneren Frieden und ist sicherlich völlig individuell. Deshalb gibt es auch unendlich viele Möglichkeiten, diesen inneren Frieden zu finden. Die große Frage ist: Was ist mein persönlicher innerer Frieden und woran merke ich, dass es ihn gibt? Schritt für Schritt aus den alten Mustern zu treten und das eigene Leben mehr und mehr selbst zu gestalten. Je mehr das Leben und das Fühlen aus einem anderen Blickwinkel betrachtet werden kann, je besser man versteht, wie die Dynamiken zusammenhängen, desto weniger kann man sich selbst abwerten und desto enger wird die Freundschaft zu sich selbst. Dies wirkt sich wiederum positiv auf das gesamte Umfeld aus.

Traumaheilung heißt nicht, dass wir geschützt vor allem dem Leid sind und nichts mehr uns verletzen könnte.

Selbstregulation heißt nicht, dass es uns nie mehr schlecht geht und wir nun alle Gefühle im Griff haben. Es bedeutet, wir haben die Erfahrung gemacht, aus einem Tal wieder selbständig herauszufinden und die Fähigkeit erlernt, nicht mehr ohnmächtig in Gefühlsstrudeln über einen langen Zeitraum festzustecken. Wir können schneller liebevoller auf uns schauen, Vertrauen ins Leben gewinnen und haben Werkzeuge, um uns selbst zu beruhigen.

Wir können uns das geben, was wir vielleicht nie kannten oder verloren haben: Geborgenheit in uns selbst erfahren!

Epilog

Dieses Buch widme ich meinen Kindern. In der Hoffnung, dass sie ihr Glück in sich finden. Nur durch sie habe ich den Mut gefunden, mich meinem eigenen Trauma zu nähern und es so heilen zu können. Danke, dass es euch gibt.

Quellenverzeichnis

[1] Maté, Gabor, and Daniel Maté. Vom Mythos des Normalen: wie unsere Gesellschaft uns krank macht und traumatisiert – neue Wege zur Heilung. Translated by Annegret Hunke-Wormser and Elisabeth Möller-Giesen, Kösel, 2023, S.36

[2] https://www.somatic-experiencing.de/was-ist-somatic-experiencing/

[3] Maté, Gabor, and Daniel Maté. Vom Mythos des Normalen: wie unsere Gesellschaft uns krank macht und traumatisiert – neue Wege zur Heilung. Translated by Annegret Hunke-Wormser and Elisabeth Möller-Giesen, Kösel, 2023, S.38

[4] https://www.penguin.de/content/edition/excerpts/20138.pdf, Seite 16

[5] Bin ich traumatisiert? Wie wir die immer gleichen Problemschleifen verlassen Verlag: GRÄFE UND UNZER Verlag GmbH, Jahr der Veröffentlichung:2021,Autor:Verena König, Seite 62

[6] Maté, Gabor, and Daniel Maté. Vom Mythos des Normalen: wie unsere Gesellschaft uns krank macht und traumatisiert – neue Wege zur Heilung. Translated by Annegret Hunke-Wormser and Elisabeth Möller-Giesen, Kösel, 2023, S.42

[7]Bin ich traumatisiert? Wie wir die immer gleichen Problemschleifen verlassen Verlag:GRÄFE UND UNZER Verlag GmbH, Jahr der Veröffentlichung:2021, Autor:Verena König, Seite 42

[8] https://buchsensibel.de/2023/08/04/stresstoleranzfenster/

[9] Titel:Arbeiten mit der Polyvagal-Theorie: Übungen zur Förderung von Sicherheit und Verbundenheit, Verlag:G.P. Probst Verlag, Jahr der Veröffentlichung:2020, Autor:Deb Dana, Übersetzer:Theo Kierdorf and Hildegard Höhr, Seite 27

[10]https://www.mpg.de/19179857/0906-bild-wie-beeinflusst-die-natur-das-gehirn-149835-x

[11] https://wirtschaftslexikon.gabler.de/definition/emotion-35195

[12:] https://www.digestio.de/de/korper-und-geist/meditation/vagusnerv-uebungen

https://praxis-rhv.de/wie-sie-ihr-nervensystem-bei-traumafolgen-stabilisieren-koennen/

https://www.sport-thieme.de/blog/sport-freizeit/beweglichkeitstest-praktische-Uebungen-fuer-neurozentriertes-training

https://www.phydelio.at/kurs/yoga-der-physiotherapie-fokus-vegetatives-nervensystem

https://zurechtpsychologie.at/parasympathikus-aktivieren/

https://praxispilgerzell.de/atemuebungen.html

https://www.yogaeasy.de/artikel/der-vagusnerv-wie-du-mit-yoga-zur-ruhe-findes

Printed by Books on Demand GmbH, Norderstedt / Germany